UNDERSTANDING OF LEADERSHIP

리더십의 이해

김순향, 김진규 지음

라이프사이언스

표지, 속표지 이미지: Shutterstock

UNDERSTANDING OF LEADERSHIP

리더십의 이해

지 은 이 : 김순향, 김진규

초판 펴냄 : 2023년 1월 10일
펴 낸 이 : 김효중
펴 낸 곳 : (주)라이프사이언스
서울시 광진구 뚝섬로35길 9(자양동, 한라상가 A동 303호)

에 디 터 : 황선미
디 자 인 : 임근완
전　　화 : (02) 447-6211
팩　　스 : (02) 447-3851
이 메 일 : life@lifescience.co.kr
홈페이지 : www.lifescience.co.kr
ISBN : 978-89-6154-409-2 93320

신고번호 : 제1998-2호

값 : 25,000원

머리말

첨단화되며 고도로 발전하는 4차 혁명 시기, 리더십에 대한 중요성이 갈수록 증가하고 있다. 리더는 4차 산업시대에 다가올 위기 요인을 자세히 분석하고 새로운 상황에서도 유연하게 융·복합적인 사고로 행동하면서 필요한 인재양성과 지속적인 성장을 위한 조직 문화를 이끌어가야 한다. 또한 진취적인 사고로 창조, 협력을 실현하고 단순히 변화에 적응만 하는 리더가 아니라 변화와 혁신을 주도하는 리더가 되어야 한다.

현재는 급격한 변화와 새로운 도전에 적극적으로 대응할 수 있는 새로운 리더십이 중요한 비중으로 등장하기 시작하면서 리더십의 필요성은 아무리 강조하여도 지나치지 않다. 이에 우리는 다양한 방식으로 리더십을 필요로 하고 있으며 다양한 목적과 다각적 시각에서 리더십에 대한 연구를 하고 있다.

각 분야에서 리더들의 리더십 개발이 성공적으로 이루어져 조직에서 성과를 내고 혁신을 가져와 세상을 변화시키는 리더십이 발휘되었으면 한다. 오늘날 우리는 정치적 리더십의 부재로 전 국민들이 고통을 겪고 있다. 이런 문제들을 해결할 수 있는 리더십 발휘가 절실히 요구되는 현실이다.

다원화되는 사회에는 사람들의 요구도 다양하다. 즉, 다양화된 사회구조는 현대를 살아가는 우리에게 새로운 문제점들을 끊임없이 제시한다. 4차 산업시대에 우리가 바라는 적합한 리더상은 바른 인성을 갖춘 융·복합 리더인 것이다. 리더는 머릿속으로 이론만 이해하기보다 몸으로 실천할 수 있는 실용적인 방법들을 자세히 살펴보며 현장 실행능력 개발에 중점을 두어야 한다.

미래 지도자가 될 대학생의 리더십은 주체적 자아를 확인하는 개인적 차원과 사회적 존재로의 역할과 책임을 다하는 공동체적 차원으로 인생에서 중요한 시기에 성공적인 삶을 영위하기 위하여 특히 스스로 자신을 관리하는 셀프 리더십이 잘 발휘되어야 한다. 리더로서 정확한 미래 비전의 꿈과 목표를 제시하는 능력을 키우며 대학생들이 리더십의 중요성을 깨닫고 리더십을 개발하는 데 도움이 되었으면 하는 마음으로 '리더십의 이해'를 준비하게 되었다.

본서의 구성은 다음과 같다.

제1부 리더십이란 무엇인가?, 제2부 다양한 리더십 유형, 제3부 글로벌 리더를 위한 리더십 역량 개발, 제4부 리더들의 자신감 훈련, 제5부 리더들의 자기관리의 표현, 이미지 메이킹으로 구성하였다.

본서가 미흡하고 부족한 점이 있을 것으로 생각되지만, 향후 지속적으로 수정·보완해 나갈 계획이다. 끝으로 특히 어려운 우리나라의 출판 환경에서도 심혈을 기울여주신 김효중 사장님과 애써주신 직원분들께 진심으로 감사의 마음을 전한다.

2022년 여름

김 순 향

지은이 소개

김순향

- 성균관대학교 생활과학대학원 예다학 석사
- 성균관대학교 사회과학대학원 소비자 가족학 박사과정
- (現) 청소년리더십 인성교육연구소 소장
- (現) 오산대학교 겸임교수, 장안대학교, 서일대학교 출강
- (前) 대전과학기술대학교 겸임교수, 배화여자대학교, 경인여자대학교, 경기과학기술대학교, 우송대학교, 한림성심대학교, 정화예술대학교 출강

[저서 및 논문]

- 선비정신에 나타난 리더십 연구, 석사학위 논문(2008)
- 4차산업시대의 인성과 진로 및 취업(한올출판사, 2022)
- 청학품성 3판, 공저(한올출판사, 2020)
- 인성과 진로 및 취업설계(한올출판사, 2017)
- 공감 생활예절, 가정에서 비즈니스 현장까지, 공저(시간여행, 2015)
- (꿈을 찾는 로드맵) 취업과 진로설계(정림사, 2014)
- 글로벌 리더를 위한 명품리더십(21세기사, 2013)

김진규

- 세종대학교 일반대학원 경영학과 지속가능(ESG)경영전공 박사 수료
- (現) 하림그룹 (주)선진 경영지원실 인재개발팀 팀장
- (現) 주한외국기업 인사관리협회(KOFEN HR) 사무총장
- (現) 건국대학교 겸임교수

[저서 및 논문]

- Effect of Eco-Friendly Food Store Attributes on Perceived Value and Loyalty: Moderating Effect of Delivery Service, Journal of Franchise Management, 13(2), 33-51
- 온택트 퍼실리테이션(라이프사이언스, 2021)
- NCS 정보능력(한올, 2019)
- NCS 조직이해능력(한올, 2018)
- 30 Facilitation Skills for Your Lecture(부크크, 2016)
- 30분 만에 끝내는 30가지 강의스킬(부크크, 2015)

차례

머리말 _III

제1부 리더십이란 무엇인가?

제1장 | 리더십에 대한 이해

1. 리더십의 개념 및 정의 2
2. 리더십 이론의 변화 6

제2장 | 4차 산업혁명 시대를 이끄는 리더십

1. 4차 산업혁명 7
2. 4차 산업 혁명시대에 요구되는 리더십 9
3. 4차 산업시대의 리더상 10
4. 4차 산업시대에 리더십을 실천하는 리더의 특징 11

제2부 다양한 리더십 유형

제3장 | 다양한 리더십 패러다임

1. 변혁적 리더십 16
2. 카리스마 리더십 21
3. 시스템 리더십 24
4. 수퍼 리더십 27
5. 셀프 리더십 31
6. 서번트 리더십 35
7. 윤리적 리더십 42
8. 감성 리더십 50
9. 기러기 리더십 59
10. 수평 리더십 63
11. 팔로워십과 리더십 66

제3부

글로벌 리더를 위한 리더십 역량 개발

제4장 | 리더에게 요구되는 능력

1. 리더에게 요구되는 능력 74
2. 잠재된 리더십을 깨워라 80
3. 명품 리더에겐 빛나는 유머가 있다 80
4. 유쾌한 리더가 성공한다 85
5. 리더십은 테크닉이 아니라 마인드다 89
6. 유머와 배려는 리더십을 완성시킨다 90
7. 직책이 리더십을 만들어 줄 수 없다 94
8. 리더의 5가지 마인드 94

제5장 | 리더십의 기술

1. 전문적 기술 95
2. 인간관계 기술 95
3. 개념적 기술 101
4. 의사소통 기술 101
5. 의사결정 기술 102

제6장 | 갈등관리와 리더십

1. 갈등의 개념 및 정의 103
2. 갈등의 원인 및 갈등을 줄일 수 있는 요소 105
3. 갈등의 종류 106
4. 갈등의 유형과 원인 107
5. 갈등 대처 방법 109
6. 갈등 관리방안 113

제7장 | 스트레스 관리와 리더십

1. 스트레스의 개념 및 종류 117
2. 스트레스의 주요 원인 118
3. 스트레스 결과 125
4. 스트레스 극복방안 126

제4부 리더들의 자신감 훈련

제8장 | 논리적이고 효과적으로 설득하는 리더들의 스피치

1. 스피치의 개념 132
2. 스피치 준비자세 133
3. 스피치 훈련 134
4. 리더들이 효과적으로 설득하는 연설기법 134
5. 발표요령 기준 136
6. 호흡과 발성 136
7. 파워스피치를 하기 위한 준비운동 140

제9장 | 리더들의 자신감 훈련 및 발표

1. 자신감 훈련 143
2. 발표 시 자세 및 순서 145

제5부 리더들의 자기 관리의 표현, 이미지 메이킹

제10장 | 이미지

1. 이미지의 개념 152
2. 이미지의 구성 153
3. 이미지와 첫인상의 상호관계 156
4. 첫 인상이 형성될 때 나타나는 네 가지 효과 158

제11장 | 이미지 메이킹

1. 이미지 메이킹의 개념 161
2. 얼굴 디자인 162
3. 성공적인 이미지 메이킹 5단계 168

참고문헌 _171

찾아보기 _173

제1부

리더십이란 무엇인가?

제1장
리더십에 대한 이해

현대사회의 공동체들은 특별한 리더십이 필요하다. 이는 복잡한 조직사회에서 존재하는 여러 가지 문제점을 효율적으로 대처하는 의사소통의 통로가 바로 리더이기 때문이다. 리더는 현명한 판단으로 인적 통합을 할 수 있는 지도자여야 하고 조직의 합의와 의사결정 등에서 소통의 통로가 될 수 있어야 한다. 좋은 리더십을 발휘하려면 수평적인 관점과 다각화된 소통을 할 수 있어야 한다. 이처럼 리더는 다양한 이해 관계자와의 갈등 해결, 조정, 의사결정 등 다각화된 소통을 할 수 있어야 한다.

코로나 19가 지구촌을 습격하면서 많은 조직들은 '변동성'(Volatility)과 '불확실성'(Uncertainty), '복잡성'(Complexity)과 '모호성'(Ambiguity) 즉, 더욱 복잡한 VUCA 시대에 적응하고 있다. 급변하는 현대 경쟁 사회에서는 정치, 경제 등 다양한 영역에서 갈등을 원만히 해결하고, 사회적 약자에 대한 윤리적 의무와 원칙을 만드는 공동체의 역량과 올바른 인성을 기반으로 한 리더십이 더욱 필요한 때이다.

1. 리더십의 개념 및 정의

1) 리더십의 개념

리더십이란 우리말로 지도, 지휘, 지도력, 지도의 과정, 지도자의 정신, 지도자의 역할 등으로 표현하기도 하고, 리더십을 '조직의 목표를 달성하기 위해 개인이나 집단에게 영향을 미치는 스킬과 프로세스'라고 정의할 수 있다. 공동체에 어떤 리더십이 존재하는가 하는 것은 공동체와 구성원의 삶과 미래에 큰 영향을 줄 수 있다.

(1) 리더십은 동사적 개념이다

리더십은 완성된 행동이 아니고 집단이나 조직이 추구하는 목표를 달성하기 위해 구성원의 행동에 영향력을 주는 과정이다. 리더십은 타고나는 것이 아니며 인간의 보편적인 능력인 것이다. 조직의 구성원 스스로가 리더십 교육과 훈련을 통해 리더십 역량을 키워나가야 한다.

(2) 리더십은 사회적 관계에서 발생된다

리더십은 일종의 행동하는 과정이며 사람들과의 사회적 관계에서 발생한다. 하지만 현재를 살아가는 우리는 자기를 스스로 통제, 관리하는 셀프리더십(내적 리더십)이 필요하다. 타인과의 관계에서 요구되는 것이 외적 리더십이라면 내적 리더십은 자기를 스스로 관리하는 것을 의미한다. 외적 리더십의 힘은 바로 내적 리더십에서 비롯되는데 외적 리더십 능력이 향상되려면 내적 리더십이 우선적으로 개발되어야 한다.

(3) 리더십은 영향력이다

리더십 교육과 훈련은 나를 둘러싼 주변 환경과의 관계 속에서 어떻게 영향력을 발휘할 것인지를 다루는 과정이다. 구성원들의 잠재능력을 개발, 보완하고 자신의 역량을 발휘하는 과정을 통해 리더십이 발휘된다.

(4) 리더십은 훈련이다

리더십은 교육과 훈련을 통해 끊임없이 개발해야 한다. 리더십은 어떤 특정인의 능력이 아닌 교육과 훈련을 통해 얻을 수 있는 일반적인 능력이다.

2) 리더십에 대한 정의

- 리더십이란 조직의 목표를 달성하기 위한 방향으로 개인 또는 집단의 활동에 영향을 미치는 과정이라고 할 수 있다(표 1.1).

리더십의 개념은 인류 역사와 함께 공동체 생활의 올바른 지도 원리를 제시하기 위해 오래전부터 연구되어 온 것으로 알려지고 있다. 고대 이스라엘 민족의 리더가 되기 위한 조건은 현재 상형문자로 남겨져 있는데, 다음과 같이 세 가지 조건으로 요약되고 있다.

"그대의 입에는 단호한 '권위'가 있어야 하며, 그대의 가슴에는 모든 것을 '통찰'할 수 있는 능력이 있어야 하며, 그대의 혀는 '정의'의 창고가 있어야 한다."

리더십은 역사적으로 광범위하게 조사되어 왔으며, 이집트의 상형문자로 된 리더십(seshemet, 지도력), 리더(seshemu, 지도자), 그리고 부하(shemsu, 추종자)는 5,000년 전부터 끊임없이 탐구되어 왔다(Okecha & Okeniyi, 2020).

표 1.1 리더십의 정의

연구자	리더십의 정의
webster 사전	어떤 과정에 있어 안내하고 방향을 제시, 하나의 통로(channel)로서의 역할을 수행함.
katz & Kahn (1978)	기계적으로 조직의 일상적인 명령을 수행하는 것 이상의 결과를 가져올 수 있게 하는 영향력.
Hersey & Blanchard (1982)	주어진 상황에서 개인이나 집단의 목표 달성을 위한 활동에 영향을 미치는 과정.
Jago (1982)	강제성을 띠지 않는 영향력 행사 과정으로 구성원들에게 방향을 제시하고 활동을 조정하는 것.
Bryman (1986)	리더십은 어떤 사람이 공식적으로 리더의 지위에 임명되었을 때 발생함.
Bass (1990)	상황이나 집단 구성원들의 인식과 기대를 구조화하거나 재구조화하기 위한 구성원들 간 교류의 과정임. 따라서 리더란 변화의 주도자.
Nanus (1992)	꿈(비전)의 제시를 통하여 추종자의 자발적 몰입을 유인하고 그들에게 활력을 줌으로써 조직을 혁신하여 보다 큰 잠재력을 갖는 새로운 조직 형태로 변형시키는 과정.
Lord & Maher (1993)	개인이 다른 사람들에 의해서 리더라고 인정받는 (또는 지각되는 과정) 일정한 직위를 가지고 있기 때문에 리더가 되는 것이 아니라 다른 사람들로부터 리더라고 인정받는 것이 중요함.
Yukl (1998)	집단이나 조직의 한 구성원이 사건의 해석, 목표나 전략의 선택, 작업 활동의 조화, 목표성취를 위한 구성원 동기부여, 협력적 관계의 유지, 구성원의 기술과 자신감 개발, 외부인의 지지와 협력의 확보 등에 영향을 미치는 과정.

자료: 백기복, 『리더십 리뷰』, 창민사, 2006, p.16.

3) 리더십의 5단계 구조

리더십의 5단계 구조로는 먼저 뛰어난 개인이 재능과 지식, 기술 등으로 기여하고, 2단계에는 집단의 목표를 위해 팀워크를 발휘하는 팀원이 있고, 3단계로는 역량 있는 관리자가 필요하며, 4단계로는 책임감 있는 유능한 리더가 존재해야 하며, 5단계로는 융합적이고 큰 성과를 내는 단계 5의 경영자가 있다(표 1.2).

표 1.2 5단계의 계층 구조

단계	리더십
5단계	**단계 5의 경영자** 개인적 겸양과 직업적 의지를 역설적으로 융합하여 지속적인 큰 성과를 일구어 낸다.
4단계	**유능한 리더** 저항할 수 없는 분명한 비전에 대한 책임 의식을 촉구하고 그것을 정력적으로 추구하게 하며, 보다 높은 성취를 이루도록 자극한다.
3단계	**역량 있는 관리자** 이미 결정된 목표를 효율적으로 추구할 수 있는 방향으로 사람과 자원을 조직한다.
2단계	**합심하는 팀원** 집단의 목표 달성을 위해 개인의 능력을 바치며, 구성된 집단에서 다른 사람들과 효율적으로 일한다.
1단계	**능력이 뛰어난 개인** 재능과 지식, 기술, 좋은 작업 습관으로 생산적인 기여를 한다.

자료: 박종진, 손병기, 『49가지 품성에 기초한 성품리더십 계발』, 동문사, 2021.

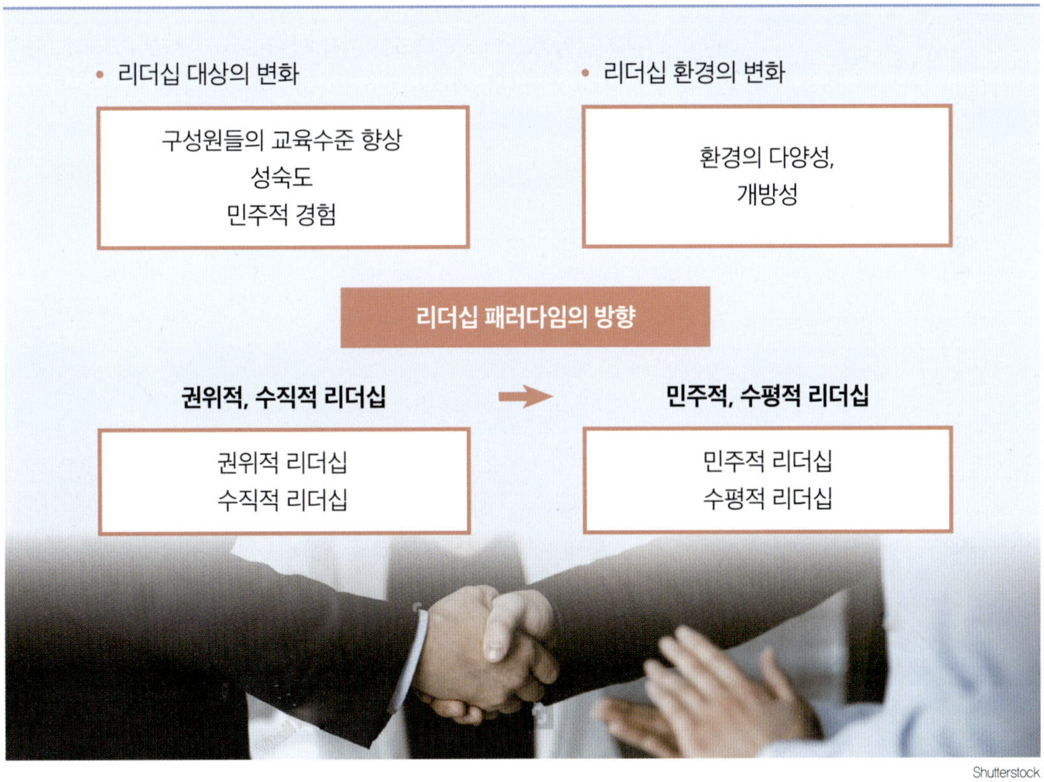

Shutterstock

2. 리더십 이론의 변화

1) 전통적 리더십 이론

(1) 특성이론(1950년 이전)

리더가 보유한 특성에 초점을 둔 이론이다.

(2) 행동이론(1950~1970년)

리더의 행위(과업 지향적, 관계 지향적), 즉 리더의 행동이 조직의 성과와 얼마나 관련이 있는지를 제시한 이론이다.

(3) 상황이론(1970~1980년)

리더는 유사한 특성과 자질을 지녔더라도 처해진 상황에 따라 결과가 달라진다는 이론이다.

2) 현대적 다양한 리더십 이론

1970년대 후반 이후 서번트 리더십, 카리스마 리더십, 변혁적 리더십, 수퍼 리더십, 셀프 리더십, 감성 리더십, 코칭 리더십 등 다양한 리더십 이론들이 등장하기 시작하였다.

"진정한 리더는 오케스트라의 지휘자처럼 자신은 하나의 음표도 연주하지 않고 오케스트라 단원들로 하여금 최고의 연주를 할 수 있도록 하며, 아름다운 하모니를 만들어 관객들을 감동시키듯 조직 구성원을 통해 탁월한 성과를 이끌어낸다."

Shutterstock

제2장

4차 산업혁명 시대를 이끄는 리더십

1. 4차 산업혁명

1) 산업혁명과 기술 발전

4차 산업혁명이란 2016년 세계경제포럼인 다보스포럼에서 4차 산업혁명을 화두로 제시하면서, 4차 산업혁명을 '디지털 혁명에 기반하여 물리적 공간, 디지털 공간 및 생물학적 공간의 경계가 희석되는 기술융합의 시대'로 정의하였다.

4차 산업혁명의 핵심기술인 인공지능(AI), 사물인터넷(IoT), 로봇, 빅데이터(Big Data) 정보통신기술(ICT) 등을 통해 인간과 인간, 사물과 사물, 인간과 사물이 상호연결되고 빅데이터와 인공지능 등으로 지능화된 사회로 변화될 것으로 예측되며 이 첨단 기술들은 우리가 깨닫지 못하는 사이 이미 우리의 생활을 바꾸기 시작했고, 경제와 사회에 혁신적인 변화를 몰고 왔다. 우리의 삶을 획기적으로 바꾸었던 앞선 산업혁명에 비해 4차 산업혁명은 우리에게 영향을 끼치는 범위는 더 넓고 속도는 기하급수적으로 빨라지고 있다. 4차 산업혁명의 특징으로는 초연결성(Hyper-Connected)과 초지능화(Hyper-Intelligent) 등이 필수 요소로 자리매김하고 있다.

Shutterstock

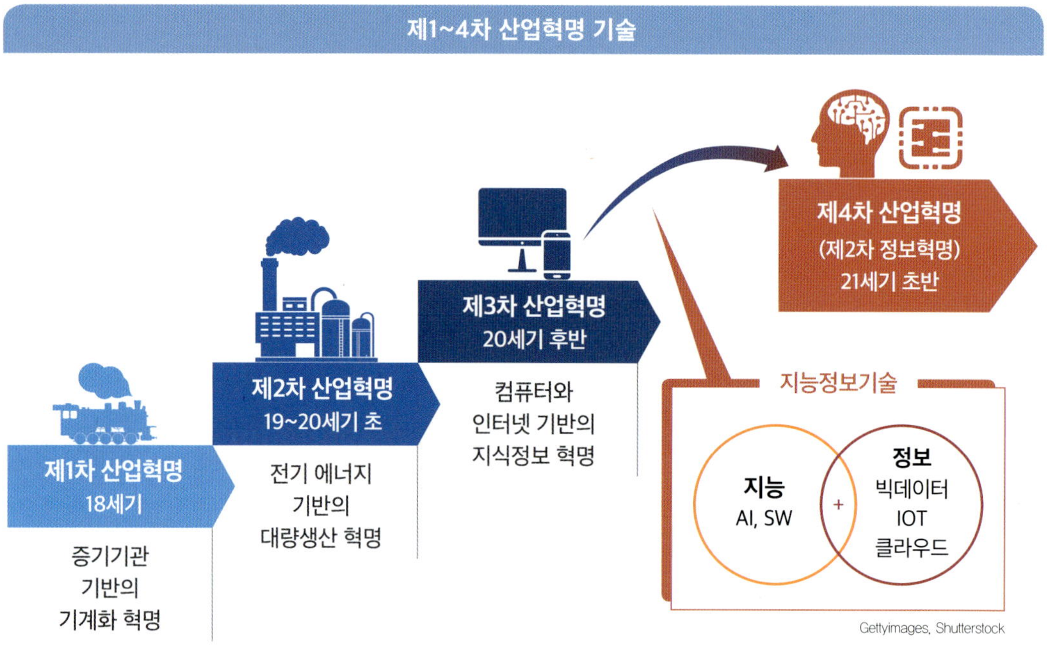

표 2.1 제1~4차 산업혁명

산업혁명	내용
제1차 산업혁명	증기기관과 기계화
제2차 산업혁명	전기에너지를 이용한 대량생산
제3차 산업혁명	인터넷이 이끈 컴퓨터 정보화 및 자동화 생산 시스템
제4차 산업혁명	로봇이나 인공지능을 통해 실제와 가상이 통합돼 사물을 자동적, 지능적으로 제어할 수 있는 시스템으로 물리적 공간과 디지털 공간의 경계를 없앰

2) 시대별 리더십의 변화

리더십이 전통적인 농경시대부터 현재 4차 산업시대까지 시대별로 발전하며 다양하게 변화하고 있다(표 2.2).

표 2.2 시대별 리더십의 변화

시대	농경시대	산업화시대	지식정보화시대	4차 산업시대
역할	통제자	관리자	리더, 팀장	코치, 멘토
리더상	지시형	노무형	두뇌형, 전략형	융합형, 하이퍼형
통제방법	top- down managership	명령과 복종의 수직적 단계 top- down managership	지식, 정보 중심 리더가 팔로워의 bottom-up relationship	다방향 membership
임무	보호, 경계 신분화	생산, 관리, 판매	지식 정보	사물 초연결 사람과 사물 소통 트렌드 워칭
운영방식	리더 역량 과시	법과 규정 중시	다수의 의견과 인권 중시	초생명 융합과 트렌드 워칭

자료: 구자억 외, 『인성과 리더십』, 2020, 재구성.

2. 4차 산업 혁명시대에 요구되는 리더십

제4차 산업혁명 시대에 요구되는 리더십은 첨단 기술이 발전할수록, '우리는 그 기술을 잘 받아들여 우리의 삶을 더욱 풍요롭게 발전시키도록 해야 한다. 15세기 세종대왕은 이미 제4차 산업혁명 시대에 요구되는 리더십의 특징을 몸소 실천하였으며, 인재경영, 지식경영, 시스템경영을 통해 성공한 리더가 되었다. 우리 한국인이 4차 산업혁명시대를 선도할 수 있다는 충분한 역사적 근거다(서울시정일보, 2017. 12. 21).'

▶ 클라우스 슈바프(Klaus Schwab).

세계경제포럼의 창립자이며 회장인 클라우스 슈바프는 "이렇게 복잡한 시대의 리더십은 정신모델의 대대적인 변화와 공동 참여로 단계적으로 변화하며, 우리가 원하는 미래를 예측하며, 기술의 진보가 가져올 수 있는 디스토피아로부터 멀어지도록 우리를 관리하는 능력을 요구한다."라고 하였다.

3. 4차 산업시대의 리더상

4차 산업시대의 리더상으로는,

첫째, 올바른 인성을 갖춘 융복합 리더
둘째, 융복합하여 새로운 것을 창조할 수 있는 올바른 가치관을 가진 리더
셋째, 4차산업 혁명시대에 비유되는 인공지능사회에서 경쟁력을 갖춘 풍부한 감수성과 소통능력을 지닌 창의, 융합의 리더로 볼 수 있다.

교육부에서는 창의 융합형 인재는 "인문학적 상상력과 과학기술 창조력을 갖추고 바른 인성을 겸비하여 새로운 지식을 창조하고 다양한 지식을 융합하여 새로운 가치를 창출할 수 있는 사람이다."라고 정의를 내렸다.

다양한 관점에서 사물을 보는 능력, 인간에 대한 공감적 이해력, 인간, 사물, 자연에 대한 심미적이고 감성적인 능력 등과 같은 인문학적 상상력과 과학기술의 융합에 대한 지식은 미래 사회의 리더가 되기 위한 조건으로 볼 수 있다.

▶ 4차 산업시대의 인재상.

Shutterstock

4. 4차 산업시대에 리더십을 실천하는 리더의 특징(표 2.3)

(1) 사람 중심의 유연한 리더십 발휘

4차 산업혁명시대에는 사람 중심의 유연한 리더십이 필요하다. 사람 중심의 유연한 리더십은 자유롭게 개방된 조직 문화를 만들고, 이런 조직 문화는 혁신과 창의력을 향상시켜 지식 생산성을 높이며 기업의 가치창조로 이어진다. 사람 중심의 유연한 리더십은 조직구성원의 인격을 존중하고, 조직구성원의 의견과 아이디어를 존중하며 개방된 의사소통을 할 수 있어야 하고 창의성을 통해 혁신적인 아이디어를 제안하고 수렴해야 한다.

(2) 리더는 성과를 내는 목표에 집중

상황에 맞는 목표에 집중하고 그것을 완벽하게 해내는 것이 리더의 역할이다. 꼭 필요한 순간에 가장 적합한 처방을 내리고 선택하고 대처하는 능력이 필요하다.

(3) 리더의 관계 맺기 능력

집단을 구성하는 사람들은 각기 다른 독특한 개성을 지닌 사람들로 구성된다. 집단의 목표를 위해서 리더는 각자 개성을 가진 사람들을 조화롭게 배열하고 능력을 지닌 사람들을 적재적소에 배치하는 선택을 해야 한다. 리더는 함께 하는 사람들에게 좋은 관계를 맺을 수 있게 사랑과 관심을 줄 수 있어야 한다.

(4) 리더의 감각적 민감성, 호기심

리더의 역할도 급변하는 시대에 리더가 변화를 어떻게 받아들이냐는 그 집단의 발전과 퇴보의 중요한 갈림길이 될 것이다. 어떤 일을 할 때, 모든 감각을 동원하여 정보와 지식을 습득하고, 그것을 바탕으로 그 순간에 가장 합당한 판단을 내리는 선택을 하는 것이 특히 중요한 리더의 역할이다.

(5) 리더의 융통성(다원성 수용)

융통성은 우리에게 선택의 폭을 넓혀 준다. 선택의 폭이 넓다는 것은 그만큼 성공의 기회가 많다는 의미이기도 하다. 리더는 끊임없이 여러 가지 방법을 찾아보고 선택을 해야 한다. 리더의 융통성은 어떤 일에 대한 성공 가능성을 크게 높이는 역할을 한다.

(6) 리더의 통찰력

리더는 변화를 감지하는 통찰력으로 새로운 변화를 지속적으로 발전시킬 수 있는 노력이 필요하다. 스스로 끊임없이 변화하고 소통중심으로 구성원들의 도전과 열정을 발휘할 수 있는 환경을 만들어 주어야 한다.

(7) 리더의 솔선수범

급속한 변화가 소용돌이치는 4차 혁명시대에 생존과 변화 주도를 약속하는 리더는 솔선수범하는 리더가 되어야 한다.

표 2.3 4차 산업 시대의 리더십을 발휘하는 리더들의 주요 특성

	내용
1	사람 중심의 유연한 리더십 발휘
2	리더는 성과를 내는 목표에 집중
3	리더의 인성, 성실성, 관계 능력
4	리더의 감각적 민감성, 호기심
5	리더의 융통성 (다원성 수용)
6	리더의 통찰력
7	리더의 솔선수범

현재 4차산업 혁명시대에는 학교, 직업 교육의 미래도 다음 세 가지 BTS Less로서 변화하고 있다.

① Boundless (한계, 경계가 없는 시대)
② Timeless (시간에 구애받지 않는 시대)
③ Spaceless (특정 공간과 장소가 필요 없는 시대)

사례

창의 융합형 리더, 스티브 잡스

스마트폰(smartphone)은 휴대 전화와 컴퓨터, 인터넷, 카메라, mp3 등을 융합한 지능형 단말기로 21세기를 살아가는 우리에게는 물과 공기에 대변되는 없어서는 안 될 발명품이다.

스마트폰에 적용된 기술은 고도의 컴퓨터 하드웨어 및 소프트웨어 기술에서 인공위성, 통신, 발광다이오드, 디자인 등 현대 인류가 개발한 모든 기술과 예술의 총화이자 집합체라고 해도 과언이 아니다.

그렇다면 인류의 학문 영역 전반을 꿰뚫고 있는 것처럼 보이는 스티브 잡스는 그야말로 천재 중에 천재일까?

Matthew Yohe/Wikimedia

▶ 스티브 잡스(Steven Paul Jobs).

어느 날 스티브 잡스는 책상에 앉아 데스크톱을 켜고 회사의 존망이 걸린 긴급 메일을 직원에게 보내기 위해 인터넷을 연결하고 있었다. 때마침 바로 그 직원으로부터 전화가 걸려 왔다.

스티브 잡스는 빨리 메일을 열어볼 것을 지시하였으나 안타깝게도 그 직원은 휴양지로 가는 기차 안에서 휴대폰으로 전화를 건 상태였다. 그 직원이 이메일을 확인하기 위해서는 다음 정차 역까지 가야 했고 역에서 내려 인터넷이 연결된 데스크톱이 있는 곳을 찾아야 했다. 결국 메일을 늦게 열어보는 바람에 회사는 위기에 처하게 되었다.

스티브 잡스는 순간 이런 생각을 했다

휴대폰에 인터넷이 연결될 수 있다면, 인터넷을 보기 위한 모니터 화면이 휴대폰에 들어갈 수 있다면, 소형 컴퓨터를 휴대폰에 내장할 수 있다면, 카메라는? MP3는? 스티브 잡스가 스마트폰을 만들기 전에도 인터넷은 있었고 컴퓨터도 이미 오래전에 개발되어 있었다. 모니터도 카메라도 MP3도 각각 따로 존재하고 있었다. 그것들은 스티브 잡스가 개발한 게 아니었다. 스티브 잡스는 그의 주변에 있는 서로 별개로 떨어져 보이는 사물들을 한번 조합해 보고자 한 것뿐이었다.

IT분야의 전문가인 그가 애플이라는 기업의 창의 융합 활동을 조직하고 이끌어 갈 수 있는 코디네이터형 리더였기에 가능했던 일이다.

지금 시점에서 보면 이러한 이미 개발되어 있고 존재하고 있는 몇 가지 사물들을 합쳐 보자는 생각이 무슨 그리 대단한 일인가 생각할 수 있을 것 같지만 그 결과는 엄청난 결과물을 가지고 오면서 우리들의 생활방식이 완전히 달라졌다.

우리 주변에 흔하게 존재하는 사물들 또 우리가 흔하게 배웠던 서로 다른 학문 영역

즉 과학과 역사, 수학과 인문, 예술과 기술들처럼 서로 별로 관련성이 없을 것 같은 영역들을 재구성하고 재조합하는 것이 바로 창의 융합이다.

스티브 잡스가 21세기 창의 융합 혁신의 아이콘으로 인정받는 것은 바로 이렇게 창의적인 생각을 융합적 사고로 결과물을 창출했기 때문이다.

출처: https://blog.naver.com/hjky119/222627613311, 재정리

Gettyimages

제2부

다양한 리더십 유형

Shutterstock

리더십 이론은 리더십의 어느 측면을 강조하는가에 따라 다르게 발전되어 왔다. 현재는 급변하는 시대 상황에 맞추어 리더십 유형도 다양한 변화를 요구하고 있다.

제3장

다양한 리더십 패러다임

1980년대 이후 리더십 연구는 주목할 만한 변화가 있었다.

첫째, 기존의 특성이론, 행동이론, 상황이론을 총체적으로 고려하면서, 리더가 가지고 있는 특성의 의미를 재해석하고, 리더의 행동 및 리더십을 발휘하는 상황과 통합하려는 시도들이 나타나고 있다.

둘째, 새로운 리더십 개념이 등장하면서 카리스마 리더십, 변혁적 리더십, 수퍼 리더십 등 다양한 개념들이 새롭게 정의되고 정착되기 시작했다.

셋째, 리더십의 발휘가 리더 중심의 시각에서 벗어나 조직구성원 개개인까지 확대되면서 셀프 리더십 등 다양한 개념이 등장하게 되었다.

1. 변혁적 리더십

1) 변혁적 리더십의 정의

변혁적 리더십(Transformational Leadership) 이론은 1978년 Burns에 의해서 처음 제시되었으며, 그 후 1985년 Bass가 조직상황에 맞춰 구체화함으로써 널리 알려지게 되었다. 전통적인 리더십은 목표를 달성하면 리더는 구성원들에게 보상을 주는 것이 기본적인 형태였지만 변혁적 리더십은 조직의 경쟁력을 유지하고, 성과에 대한 혁신을 촉진하기 위해 조직원들의 헌신을 지원, 자극, 격려, 동기부여하는 것을 의미한다(Tosun, Parvez, Bilim, & Yu, 2022).

2) 변혁적 리더의 조건

변혁적 리더들은 자신이 가지고 있는 카리스마적인 특성과 구성원 개개인에 대한 개별적 관심, 그리고 구성원에 대한 끊임없는 지적 자극과 격려를 통해서 구성원들의 의식과 가치관, 태도의 혁신을 추구한다. 또한 개인적인 이해관계와 감정에 의존하는 것이 아니라, 분명히 지향하고 있는 가치로서 설득한다.

3) 변혁적 리더십의 구성요소(표 3.1)

표 3.1 변혁적 리더십의 구성요소

리더십 구분	요인	내용
변혁적 리더십	카리스마	리더는 바람직한 가치관, 존경심, 자신감 등을 추종자들에게 심어줄 수 있어야 하고 비전을 제시할 수 있어야 한다.
	개별적 배려	리더는 추종자들이 개인적 성장을 이룩할 수 있도록 그들의 욕구를 파악하고 알맞는 임무를 부여해야 한다.
	지적 자극	리더는 추종자들이 상황을 분석하는 데 있어 기존의 합리적 틀을 뛰어 넘어 보다 창의적인 관점을 개발하도록 격려한다.
	고무적 (영감)	리더는 추종자들에게 낙천주의와 열정을 불어 넣어 주고 비전을 제시하여야 한다.

※ 자료: B. M. Bass, D. A. Waldman & F. J. Yammarino, "Adding to contingent Reward Behavior: The Augmenting Effect of Chrismatic Leadership" Group and Organization Stuties, 15, 4, 1990, p.389. (재정리)

변혁적 리더십 사례 ①

변혁의 아이콘, 오프라 윈프리

- 진정한 경청과 배려
- 정직한 소통
- 상대의 입장을 생각할 줄 아는 것
- 독서
- 아끼지 않는 나눔

오프라 윈프리의 리더의 길은 변혁적 리더십이다. 오프라 윈프리의 인생역전 프로젝트는 대단한 변혁이다. 흑인, 14살에 미혼모, 사생아로 태어나 어머니에게 버림받음, 9살 때 친척에게 성폭행을 당함, 비만에 약물중독, 가난이라는 어려운 상황에서 현재는 최초의 흑인 앵커, 미국에서 가장 기부를 많이 하는 여인, 세계를 움직이는 10대 인물 가운데 한 명으로 가장 미국적인 인물이며, 세계에서 가장 존경받는 여성이다.

자신의 이름을 딴 '오프라 윈프리 쇼' 에서 30회 에미상 수상, 44세의 젊은 나이에 에미상 평생 공로상을 수상하였다. 인생역전의 대명사! 과거도 오프라 윈프리이고 현재도 오프라 윈프리이다. 최악에서 최고 사이에는 그러나가 있다. 무엇이 그러나를 만들었을까? 바로 생각이다. 환경을 180°로 바꿔 생각할 줄 아는 힘, 과거의 환경은 대부분 좌절과 포기를 만들기 쉽다. 하지만 오프라 윈프리는 도망치고 싶은 환경을 180° 바꿔서 200~300% 활용하고 있다. 어둠과 비극의 과거 속에서 빛나는 현재를 이룬 그녀의 성공 비결은 과연 무엇인가?

그녀의 성공 요인은, 진솔함과 솔직함에 있다. 그 솔직함이란 어릴 때의 불우한 환경을 거짓없이 시청자와 소통하여 많은 사람들에게 극복 사례를 보였다는 것이다. 이런 말이 있다. "Oprahization, 솔직함을 통한 변혁을 말하는데 이 오프라화(oprahzation)라는 새로운 단어는 통용된 오프라의 솔직함이다."

Luke Vargas Flickr

▶ 오프라 윈프리(Oprah Winfrey).

그녀는 가난과 불행에 순응하기보다 자신이 생각한 올바른 방향으로 삶을 변화시키기 위해 노력하였다. 그 시작이 된 '눈물의 진정한 고백', 그녀의 솔직 담백한 고백은 전 세계 1억 명의 시청자들로 하여금 새로운 꿈과 희망을 갖고 보다 멋진 삶으로 변혁하도록 부추긴다. 오프라는 "자신이 말을 잘하는 사람이 아닌 경청을 잘하는 사람"이라고 말한다. 자신의 토크쇼에 나오는 분들의 말에 흠뻑 빠져들어 공감하고 박자를 맞출 뿐이라고 말한다. 그런 경청의 덕분에 나오시는 분들이 더욱 더 진솔하게 이야기를 한다고 하니 경청은 성공하고 싶은 사람의 필수다. 말을 잘 하기로 소문난 오프라 윈프리, 그녀의 말 실력은 '진정성'에 있는 것이 아닐까? 상대의 마음을 읽고 상대의 마음에서 울리는 내면의 소리를 듣는 것이 바로 경청일 것이다.

자료: 제임스 맥그리거 번스, 『역사를 바꾸는 리더십』, 지식의날개, 2006, 재구성.

변혁적 리더십 사례 ②

세계 영화의 거장, 스티븐 앨런 스필버그(Steven Allan Spielberg) 감독의 리더십

미국의 영화감독 겸 프로듀서인 스티븐 앨런 스필버그(Steven Allan Spielberg, 1946년 출생)는 드림웍스 스튜디오의 공동 창업자이기도 하다. 그는 영화 '죠스(Jaws, 1975년 제작)'로 현대 블록버스터 시대를 열었고 '미지와의 조우', 'E.T.'로 SF 영화를 활성화시켰다. 그 뒤로도 '쥬라기 공원', '마이너리티 리포트', '우주 전쟁', '범블비' 등 그의 주요 관심사인 SF 장르의 대작 영화들을 꾸준히 만들고 있다.

2017. By Gage Skidmore from Peoria, AZ, United States of America.

▶ 스티븐 앨런 스필버그(Steven Allan Spielberg) 감독.

그는 10대 초반부터 친구들과 8 mm 모험 영화를 만들기 시작했고, 15세 때 40분 분량의 전쟁영화(탈출구가 없다, 1961년)를 만들어 10대 영화제(Teen Film Festival)에서 수상하며 일찍 천재성을 인정받았다.

그는 1994년 아카데미 최우수 작품상과 최우수 감독상(쉰들러 리스트)을, 1999년 아카데미 최우수 감독상(라이언 일병 구하기) 등을 수상하며 세계 영화사에서 가장 영향력 있는 인물로 인정받게 된다. 그는 오랜 기간 영화 촬영장에서 수많은 역할을 해왔기 때문에 작업에 대해서는 누구보다도 많은 경험과 해박한 지식을 갖고 있다. 여기에 더해 스필버그 감독 자신은 훌륭한 리더로서 천재성과 끊임없는 도전과 노력, 창의성을 갖추었으며, 구성원이 최선을 다해 최고의 결과를 도출할 수 있도록 리더십을 발휘했다.

스필버그 감독은 자신의 영화팀 인재 채용 시 "당신이 하는 일을 아주 좋아합니다."라고 말하며 구성원이 가진 재능을 인정하고 격려하였다. 그의 리더십 사례를 살펴보면 다음과 같다.

영화감독 로버트 저메키스(대표작: 포레스트 검프, '백투더 퓨쳐)는 스필버그에 대해 "저에게는 영감을 주는 감독이고 위대한 영화 제작자입니다. 스티븐 앨런 스필버그 감독은 감독으로서의 제 능력을 인정했죠."라고 말했다.

이에 스필버그는 "자네는 영화감독으로 오래 활동할 수 있어."라고 말하며 로버트의 영화를 칭찬하고 독려해 로버트 저메키스가 자부심을 갖고 영화를 만들 수 있게 하였다.

또 팝의 전설 퀸시 존스는 스필버그 감독의 영화 'E.T', '컬러 퍼플' 등에서 영화음악을 맡았는데 스필버그 감독이 '노래가 너무 좋아!'라고 말해 주었기 때문에 해당 영화 전체의 음악을 제작하게 되었다고도 하였다.

이렇듯 구성원이 가진 재능을 마음껏 펼칠 환경과 기회를 주었기 때문에 재능 있는 사람들이 그 리더와 함께 일하고 싶어 하고, 스스로를 더욱 창의적이고 스마트하게 변화시키려고 노력하게 한다. 결과적으로 스필버그 감독은 그들이 가진 잠재 능력을 최대한 발휘할 수 있도록 이끌어 낸 멋진 리더라고 할 수 있다.

자료: 사례 발췌, https://koreabizreview.com/detail.php?number=1192&thread=21

2. 카리스마 리더십

1) 카리스마 리더십의 정의

카리스마 리더십(Charismatic Leadership)에서 카리스마(charisma)란 원래 endowed gift(신이 주신 재능)'을 의미하는 그리스어에서 유래되었다. 미래의 사건을 예측하거나 또는 기적을 행하는 능력과 같이 신이 부여한 영적인 재능을 의미하고 있다. 카리스마는 구성원들 스스로 리더를 따르게 하는 리더의 천부적인 능력, 영향력, 독특한 매력으로 해석된다. 카리스마를 사회과학의 개념으로 처음 적용한 사람은 1920년대 독일의 사회학자인 M. Weber였으며, Weber는 카리스마를 리더가 발휘하는 특징에 대하여 추종자가 인식하는 리더의 영향력으로 해석하였고 1980년대부터 리더십의 새로운 개념으로서 본격적으로 연구되기 시작하였다. 그 이후, 학자들은 카리스마가 전형적인 리더십을 발휘하고, 조직 내 역동성을 자아내며, 결과적으로 조직 성과에 기여한다고 밝혔다(Fiset, Oldford, & Chu, 2021).

2) 카리스마 리더의 특징

Conger와 Kanungo는 카리스마 리더십으로 분류되는 리더들의 행동을 분석하면서, 카리스마 리더들이 가지고 있는 공통적인 특징을 6가지로 정리하였다.

(1) 미래의 비전(Future Vision)

카리스마 리더는 미래의 비전을 제시한다. 비전이란 미래에 달성하기 원하는 이상적인 목표를 말하며 카리스마적인 리더는 현 상태를 변화시키려고 노력한다.

(2) 정확한 상황 판단(Accurate Assessment of the Situation)

리더가 조직을 둘러싸고 있는 환경을 정확히 평가하고 비전을 성취할 때, 구성원들은 이 리더를 카리스마 리더로 받아들이게 된다.

(3) 관습에 얽매이지 않는 행동(Unconventional Behavior)

이상적 목표를 달성하기 위해 카리스마 리더는 기존의 방식을 탈피한 방법을 사용하여, 구성원들로 하여금 리더가 높은 수준의 전문성을 갖추고 있다고 느끼도록 한다.

(4) 분명한 표현(Articulation)

명확한 행동과 자신감, 전문지식을 통하여 구성원들에게 분명한 표현으로 동기부여를 한다.

(5) 개인적 권력의 이용(Use of Personal Power)

카리스마 리더는 모범적인 행동과 기업가적 행위를 통하여 개인적 권력을 행사한다.

(6) 카리스마 출현의 상황(The Context for Emergence of Charisma)

카리스마 리더는 중요한 변화를 요구하는 위기상황이나 조직구성원이 현 상태에 불만족하고 있을 때 주로 등장한다.

Gettyimages

카리스마 리더십 사례

스티브 잡스의 창조 카리스마

"21세기 기업의 운명은 '창조와 혁신'에 달려 있다!"

애플 창업자이자 CEO인 스티브 잡스는' 세상에서 가장 창의적인 경영자'라고 하고 2010년 영국 일간지 <파이낸셜타임스>는 스티브 잡스를 '올해의 인물'로 선정하며, 그가 아이패드를 공개하던 순간을 가리켜 "현대 기업의 역사에서 가장 놀라운 순간"이라고 평가했다. 이는 아이폰과 아이패드를 연이어 출시하며 혁신의 아이콘으로 떠오른 스티브 잡스 애플 회장의 카리스마와 영향력을 집약한 한마디라 할 수 있다.

"애플과 스티브 잡스에겐 있고, 다른 기업에 없는 것은 무엇인가?"에 주목할 필요가 있다. 애플과 스티브 잡스의 놀라운 실적을 두고, 주요 언론과 각계 각층에서 한결같이 거론하는 것은 그들의 '창조성과 혁신'이다. 20세기에는 물건만 잘 만들면 1등이 됐지만, 제품의 품질에서 변별성이 없어진 지금은 디자인, 마케팅, 연구개발 등이 복합적으로 어우러져 창조적인 것을 만들어내야만 살아남을 수 있다. 바로 이것이 우리가 애플과 스티브 잡스에 주목해야 하는 이유이다.

Angelo Amboldi Flickr

스티브 잡스의 창조적 리더십이 애플의 부활을 어떻게 이끌었는지, 현대 기업의 역사를 바꾸며 비즈니스의 룰을 재창조한 애플 창조경영의 실체는 무엇인지를 밝힌다. 창조경영이란 무엇이며 어떻게 실천해야 하는지에 대한 해답을 얻고, 우리 기업들이 나아가야 할 구체적인 방향을 설계할 수 있을 것이다.

초일류 기업을 위한 새로운 경영 패러다임의 전환, 창조경영!

한때 20억 달러 적자에 허덕이며 파산 위기에 처했던 애플은 아이팟 출시 이후 주가와 브랜드가치 모두 크게 상승해 최고의 전성기를 누렸다. 애플은 주력 제품인 아이폰, 아이패드, 맥북 등의 매출이 크게 늘면서 순이익 규모가 크게 늘어났다고 한다. 이처럼 시장 예상치를 훨씬 웃도는 실적을 두고 현지 애널리스트들은 '애플 창조력의 결과', '마케팅과 혁신에 집중한 잡스의 정신은 애플의 구조적 능력을 만들어냈다'며 극찬했다.

출처: 김영한, 2011, 리더스북, 『스티브 잡스의 창조 카리스마』.

3. 시스템 리더십

1) 시스템 리더십의 정의

시스템 리더십(System Leadership)이란 조직을 효과적으로 이끄는 데 필요한 리더십 스타일로, 복잡하고 모호한 상황을 처리할 때 다양한 이해 관계자의 관점과 고려사항을 파악하여 조직을 이끄는 리더십을 의미한다(Kaehne, Feather, Chambers, Mahon, Zubairu, Moen, & Ekpenyong, 2022). 4차 산업시대에 요구되는 리더십을 클라우스 슈바프는 그의 저서인 '제4차 산업혁명, 더 넥스트'에서 시스템 리더십이라고 말했다. 시스템 리더십은 변화를 위한 공동의 비전을 함양하고, 글로벌 사회의 모든 이해 관계자와 협력하며, 더 나은 미래를 위한 변화를 이끌어내는 원동력이다. 일방적인 톱다운(top-down) 형식의 리더십이 아닌 다양한 사람들이 주도하는 소통과 협력의 거버넌스 형태라고 했다. 이 저서에는 어떤 문제의 집단적 해결이 필수적인 4차산업 혁명시대에는 모든 사람이 시스템 리더가 될 책

Shutterstock

임이 있다고 강조하며 리더와 팔로워가 사실상 하나인 시대를 살아가고 있다고 표현하였다.

지도자는 종합적으로 사고를 할 수 있는 창조적 리더여야 한다. 창조적 사고와 창의력이 경제, 경영, 과학에서만 필요한 것이 아니라 국가경영도 창조적 경영이어야 국민이 안전하고 행복할 수 있다.

2) 시스템 리더십의 필요성

4차 산업시대에 각 분야 전문가들이 협업해서 현재 세계에서 가장 중요한 문제들을 해결할 수 있는 방안과 정책 수립에 기여하고 있다.

현재 더욱 중요하게 다룬 주제는 시스템 리더십의 필요성이었다. 기후변화, 에너지, 식량, 사이버 안보 등 크고 중요한 문제들을 해결하기 위해서는 다양한 이해당사자들이 머리를 맞대고 해결책을 찾아야 하며, 이때 필요한 것이 전체를 보고 시스템 수준에서의 변혁을 촉진하고 가능하게 하는 시스템 리더십이다. 다음은 클라우스 슈바프 세계경제포럼 회장의 국회 4차 산업혁명포럼 대담 중에서 요약한 부분이다(2016. 10. 18. 매일경제 보도 재구성).

4차 산업혁명에서 성공하려면, 명령 아닌 시스템 리더십이 필요하다고 주장한 슈바프 세계경제포럼 회장은 "4차 산업혁명기에는 수평적인 시각에서 시스템 전체를 볼 수 있는 시스템 리더십이 요구된다." '4차 산업혁명 포럼' 특별대담에서 "4차산업 혁명기의 두 가지 키워드는 시스템 리더십과 플랫폼의 발전"이라며 이같이 밝혔다. 그는 리더는 복종을 강요하기보다는 시스템적 사고로 무장해야 한다고 강조했다. 이와 함께 경쟁적 협력 또는 협력적 경쟁을 할 수 있는 플랫폼이 필요하다고 덧붙였다.

(1) 시스템의 속성: 목표지향성, 전체성, 개방성, 상호관련성이 있다

시스템이란 전체를 구성하는 상호 관련된 부분들의 집합을 말하며 전체를 이해하고 유기성을 이해하며 사물이나 상황을 바라볼 수 있는 사고방식이라 할 수 있다.

(2) 창의력: 개인의 창의성은 깊이 있는 전문성과 열정을 내포하고 있다

슈바프 회장은 4차 산업혁명의 네 가지 특징을 이렇게 설명하고 있다.

첫째, 빠른 변화 속도
둘째, 기술융합과 결합의 활성화
셋째, 시스템의 혁명
넷째, 정체성의 변화 등

4차 산업혁명은 과거 산업혁명보다 훨씬 변화 속도가 빠르고 각종 기술의 조합과 융합이 활성화되고 있다는 설명이다. 또 우버와 에어비앤비 같은 기업들이 소비와 생산 방식을 근본적으로 변화시키고 인공지능의 발달은 우리의 정체성까지 바꾸고 있다고 진단했다. 슈바프 회장은 '2016 국제법률 심포지엄'에 참석해 "미래에 대비하기 위해서는 사법부·정부·기업 간 협력이 중요하다"고 강조했다(https://www.mk.co.kr/news/society/view/2016/10/727985 - 매일경제, 4차 산업혁명서 성공하려면, 명령아닌 시스템리더십 필요 중에서 발췌 인용).

하버드대 케네디스쿨의 리사 드라이어, 데이비드 나바로와 제인 넬슨팀은 '지속가능한 개발을 위한 시스템 리더십'이라는 제목의 논문을 발표했다. 이들이 시스템 수준에서의 변혁을 이끌기 위하여 제시한 것은 'CLEAR 프레임워크'이다. C는 참여해 행하고, L은 문제를 보고 다른 이해당사자들로부터 배우고, E는 모든 참여자와 함께 행하며 다른 이들에게 보다 활발한 참여를 유도하고, A는 책임을 가지고 집행하고, R은 실천한 내용을 되돌아보고 필요시 수정한다는 내용의 영어 약자이다. 이를 통한 시스템 리더십의 특징은 어느 한 명이나 집단이 전체 시스템을 조종하지 않고, 모든 이해당사자가 함께 책임을 지며, 모든 것이 연결되어 시스템을 이루고 있다는 인식, 멀리 가기 위해서는 함께 간다는 철학, 나는 할 수 있고 우리는 함께 해결할 수 있다는 생각을 공유한다는 것이다. 진정 우리가 살아가는 현 세상에 필요한 것이라 하겠다.

나무만 보고 숲을 보지 못하는 이기적 리더십에서 벗어나 시스템 리더십을 갖추기 위해 노력할 때 인류가 직면하고 있는 많은 큰 문제들을 해결할 수 있는 실마리를 찾을 수 있을 것이다(https://www.khan.co.kr/opinion/column/article/201911132047005 - 경향신문, 이상엽의 공학이야기 시스템리더십 중 하단 연구 내용 발췌 인용).

3) 시스템 리더에게 요구되는 세 가지 기본 능력

(1) 더 큰 시스템을 볼 수 있는 능력

관계와 상호 의존성을 시각적으로 파악할 수 있어야 하며 여러 이해 관계자에게 포괄적인 의미의 이해를 구축하는 것이다.

(2) 성찰과 경청 능력

성찰은 조직과 개인, 그룹이 자신의 관점과 다른 관점을 서로의 현실을 인지할 수 있도록 하면서 잘 살펴보는 과정이며 상호간의 신뢰를 쌓고 상대방의 의견을 잘 들어주는 단계이다.

(3) 미래를 위해 공동 창조하는 능력

급변하는 시기에 시스템 리더들은 미래에 대한 긍정적인 비전을 세우고 함께 목표를 달성해 성과를 내어 자신감을 쌓을 수 있도록 도와주며 비전을 위해 영감을 주는 능력이 포함되어 있다.

4. 수퍼 리더십

1) 수퍼 리더십의 정의

수퍼 리더십(Super Leadership)이란 "조직구성원이 스스로 자기 자신을 이끌어갈 수 있도록 리더가 영향력을 발휘하는 리더십으로 정의할 수 있으며, Goldsby, Goldsby, Neck, Neck, & Mathews(2021)는 조직에서 다른 사람들을 훈련하고 개발하는 방식으로 연구되어 왔다.

Manz & Sims에 의해 처음 알려진 수퍼 리더십은 리더의 입장에서 구성원들에게 일방적인 지시를 내리기보다 구성원 각자가 스스로를 통제하며 필요한 결정을 내리고 자신을 지휘 및 리드하게 만드는 리더십이라 할 수 있다. 수퍼 리더십의 가장 핵심적인 사항은, 변혁의 시대에 있어서 리더는 수퍼 리더(super leader)가 되어야 한다는 것이다.

수퍼 리더는 구성원들을 육성하기 위해 끊임없이 학습하고 노력하여야 한다. 수퍼 리더십을 이해하기 위해서는 먼저 미국의 경영학자 Manz가 제안한 셀프 리더십을 이해해야 한다. 그 이유는 수퍼 리더십이 셀프 리더십에서 출발했기 때문이다.

2) 수퍼 리더십의 등장 배경

Gettyimages

수퍼 리더십이 등장하게 된 배경에는 기업이 직면한 급격한 환경변화를 들 수 있다. 무엇보다도 세계적 경쟁이 격화되는 과정에서 기업은 인적자원을 충분히 활용하여 국제적인 경쟁력을 높여야만 하는 부담을 가지게 되었으며, 급격한 변화 속에서 구성원 스스로가 끊임없이 변화하지 않으면 생존할 수 없는 상황에 직면하였다. 그리고 이러한 경영혁신의 과정에서 진정한 리더십의 발현은 외부로부터가 아니라 구성원 내부의 자각에서 비롯된다는 인식을 공유하게 된 것이다.

이러한 인식의 전환은, 한 사람이 다른 사람에게 영향력을 행사한다는 전통적인 논리에 비추어 본다면 커다란 패러다임의 전환이다. 바로 구성원들 스스로가 자율적이면서도 효과적으로 자신의 운명을 이끌어 가도록 그들의 잠재력을 극대화시키는 것이 리더의 중요한 역할로 부각되게 된 것이다.

3) 수퍼 리더십의 실행 7단계

Manz & Sims는 수퍼 리더십의 실행 과정을 7단계로 구분하였다.

수퍼 리더십 실행 과정 7단계

1단계: 먼저 셀프 리더가 되는 단계
2단계: 셀프 리더십 행동을 타인에게 모범을 보여주므로 모델링할 수 있게 하는 단계
3단계: 자기 목표(도전적 목표)를 설정하는 방법을 가르치는 단계
4단계: 긍정적 사고방식을 전수하는 단계
5단계: 보상과 건설적 비판을 통한 학습효과를 최대한 누릴 수 있도록 하는 단계
6단계: 팀워크를 통해 자율적 판단과 결정 및 행동을 하도록 하는 단계
7단계: 셀프 리더십이 조직 전체로 옮겨가게 하는 단계

수퍼 리더십 사례

키스트(KIST)를 탄생시킨 故 최형섭 박사

한국과학기술연구소(Korea Institute of Science and Technology, KIST)의 초대원장인 최형섭 박사는 일본 와세다 대학에서 채광야금과 공학사를 취득한 후 미국 노트르담 대학원에서 물리야금 전공 공학석사, 미국 미네소타 대학원 화학야금 전공 공학박사 학위를 받은 정통 금속공학자이다. 그는 국내에서 금속연료 종합연구소와 원자력연구소 소장을 거치며

과학행정가로 발전하였고 한국과학기술 연구소 소장, 과학기술처 장관, 한국과학원 원장, 유엔 과학기술 자문위원 등 과학의 불모지였던 1960년대의 대한민국에 과학기술을 정착시킨 우리나라 과학사의 중요한 인물이다.

▶ 한국과학기술연구소(현 한국과학기술연구원) 초대원장 최형섭 박사(1920~2004).

최형섭 박사는 현재의 한국과학기술원, 이하 키스트(KIST) 설립과 초기 운영 발전을 주도하며 국내 응용과학과 산업기술 개발의 기초를 다진 인물로 평가 받는다. 당시 KIST는 미국의 원조로 세워졌는데, 연구 인력조차 갖추지 못하였다. 연구 환경이 미비했기에 당시 국내 학자들은 선진국으로 유학을 떠나 다시 돌아오지 않는 고급 두뇌 유출 문제가 심각하였는데, 최형섭 박사의 회고록(불이 꺼지지 않는 연구소)에서 관련 내용을 소개한다.

"내 소신은 고급 두뇌는 양보다 질이었다. 다수를 평준화하는 것보다 소수를 정예화해야 한다고 생각했다."

1965년 한미 정상회담 당시 린든 존슨 미국 대통령은 한국군의 월남 파병에 대한 보답으로 국군의 현대화와 경제 원조를 약속하였고 그 결과로 키스트가 세워졌지만, 산업기술지원이라는 설립 취지의 설정과 선진국에서 활동하는 한국인 과학자들의 영입은 모두 최형섭 박사가 주도하였다. 그는 미국을 돌며 젊은 과학자들에게 조국을 살려 달라고 호소하며 인재 모으기에 앞장섰고, 그의 간절한 부탁으로 첫해인 1966년 18명이 귀국한 후 1990년까지 영구 귀국한 과학자가 1,000명을 넘었다. 대한민국으로 돌아온 과학자들은 당시 국립대 교수 연봉의 3배를 받았지만, 그것조차도 미국에서 재직할 때와 비교하면 절반도 안 되는 수준이었다.

반면 미국의 휴버트 험프리 부통령은 한국의 젊은 과학자들이 세계에서 제일 부자 나라인 미국을 등지고 한국으로 돌아가고 있다는 보고를 받고는 "KIST의 재미 한국인 과학자 유치는 세계 최초의 역(逆) 두뇌 유출 프로젝트다."라며 놀라워했다고 한다.

이런 최형섭 원장의 최대 지원자인 박정희 대통령에 관한 이야기도 전해진다. 그는 박정희 대통령이 설립 3년 동안 한 달에 한두 번은 연구소를 방문해 연구원들의 사회적 위상을 높여 주고, 다른 국가 기관의 부당한 간섭도 원천 차단해 주며, 절대로 인사 청탁을 받지 말라고 당부했다고 회고한다.

이러한 노력의 결과로 키스트는 국산 1호 컴퓨터, 자동차와 반도체 원천 기술 등을 개발하며 한국 산업과 과학계를 주도할 수 있었다. 이후 한국과학기술원(KAIST), 한국전자통신연구원(ETRI), 한국생명공학연구원(KRIBB), 한국표준과학연구원(KRISS) 등 20개가 넘는 대학·연구소도 KIST에서 탄생해 독립했다.

최형섭 원장의 리더십 역량을 살펴보면, 정직, 원칙주의, 모범적인 삶, 근면, 성실함, 지속적인 생활 연구인으로서 삶을 살아가면서 수많은 공직을 맡았지만 스스로에게 청빈하였다. 장관 재직 시 국가로부터 받은 집은 퇴직하면서 국가에 헌납했고, '5·16 민족상'과 일본 '닛케이 아시아 상'의 상금은 전부 KIST에 기부하면서 모든 이들에게 훌륭한 리더로의 모범을 보여 주었다.

KIST 소장으로 재직할 때도 계속되는 인사 청탁을 한 번도 들어주지 않았고, 건설 중인 대덕연구단지의 부지를 내놓으라는 당시 청와대의 무리한 요구에도 끝까지 원칙을 지켰다. 그가 2004년 삶을 다했을 때 남은 재산은 소규모 아파트 한 채가 전부일 만큼 청렴한 삶을 살았다.

故 최형섭 박사의 연구자의 덕목

- 학문에 거짓이 없어야 한다.
- 부귀영화에 집착해서는 안 된다.
- 시간에 초연한 생활 연구인이 되어야 한다.
- 직위에 연연하지 말고 직책에 충실해야 한다.
- 아는 것을 자랑하는 것이 아니라 모르는 것을 반성해야 한다.

자료: 최형섭, 『불이 꺼지지 않는 연구소』, 조선일보사, 1995.

5. 셀프 리더십

1) 셀프 리더십의 개념

보통 리더라고 하면 기업경영자, 정치지도자 군대의 지휘통솔자 등을 연상하는데, 이러한 리더뿐만 아니라 모든 조직의 모든 계층이 리더를 필요로 한다. 사회가 변화하면서 조직구성원들의 자발적인 노력과 조직에 대한 열정을 이끌어내기 위해서는 조직구성원이 다른 사람뿐만 아니라 자기 자신에게도 영향을 줄 수 있다는 새로운 관점이 바로 셀프 리더십(Self Leadership)이다. 셀프는 자아의 개념으로 이해할 수 있는데, 이는 인간 내부의 기본적인 성향인 자율성을 강조하였고, 타율적인 성향에서의 리더십이 아니다.

셀프 리더십은 타고나는 것이 아니라 학습을 통해 얻어질 수 있는 것으로 사람들은 누구나 유능한 셀프 리더는 아닐지라도 어느 정도는 셀프 리더십을 발휘할 수 있다. 과업이나 직무를 수행하기 위해 필요한 자기주도와 자기 동기부여를 이루기 위해 스스로 자신에게 영향력을 행사하는 과정으로 자신의 개인적인 목적을 달성하는 데 스스로에게 동기를 부여할 수 있도록 자신의 틀을 개발하는 것이 중요하다(Manz & Sims, 2001). 따라서 셀프 리더십은 자기 주도와 동기부여를 달성하기 위한 자기 영향력의 과정이라 정리할 수 있다(Sjöblom & Mäkikangas, 2022).

Gettyimages

2) 셀프 리더십의 조건

(1) 자기 성찰을 통한 목표 설정

셀프 리더는 끊임없는 자기성찰과 목표설정을 통해 철저하게 자기를 관리하고 개선해야 한다. 성공하는 셀프 리더들은 매우 구체적인 목표를 가지고 있다.

(2) 자신의 목표를 매 순간 상기

목표를 설정했다면 이러한 목표를 잊어서는 안 된다. 셀프 리더는 자신이 무엇을 원하는지 늘 관심을 기울이고 일의 우선순위를 가지고 자신이 시간관리를 한다.

(3) 부정적인 행동 제거, 긍정적인 행동 증가

셀프 리더는 스스로 자신의 환경을 통제할 줄 알아야 한다. 부정적인 행동을 줄이고 긍정적인 행동을 많이 하는 사이, 행동이 점점 긍정적으로 변화될 것이다.

(4) 목표설정

단기적인 목표들은 궁극적으로 인생의 최종 목적을 달성하기 위해 수립된 것들이어야 한다. 인생의 목적에 부합하는 목표들을 신중하고 진지하게 수립하는 것은 셀프 리더에게 신념과 함께 확신을 심어준다.

(5) 반복 연습

행동을 개선하는 중간에 포기하지 않고 끊임없이 연습하는 태도가 셀프 리더의 빠질 수 없는 자질이다. 연습은 바로 자신의 한계를 극복하기 위해 자신과 맞서는 힘든 시간이다. 자신의 능력과 가능성을 키우는 가치 있는 시간이다.

Gettyimages

(6) 보상과 벌칙 활용

셀프 리더는 자신과의 약속에 대해 그 누구보다 철저해야 한다. 자기 자신을 다스리고 통제할 수 있는 능력은 바로 자신과의 규칙에 대한 엄격한 실천에서 시작된다.

Gettyimages

(7) 자기 암시와도 같은 긍정적인 셀프 토크 이용

자기 암시와도 같은 셀프 토크는 큰 효과를 발휘한다. "난 할 수 있어!" 라고 스스로 자신에게 던지는 말들이 실제 일에 긍정적인 효과를 줄 수 있다.

(8) 셀프 리더십을 수퍼 리더십으로

셀프 리더는 자신을 신뢰하는 만큼이나 타인을 존중하며, 개인의 이익을 추구하기보다 팀과의 조화를 통해 시너지 효과를 얻는다. 셀프 리더는 자신의 리더십을 타인들에게 수퍼 리더십으로 확장시킬 수 있는 것이다.

3) 셀프 리더십 역량(표 3.2)

표 3.2 셀프 리더십 역량

영역	역량
과업수행 및 성과 창출	커뮤니케이션, 책임감, 전문성, 정직성, 도전정신, 창의성
자기 및 관계인식	문제해결, 긍정적 사고, 대인관계, 자기주도성, 자기개발, 자기통제, 자아성찰
자기관리	동기부여, 목표수립, 시간관리, 자기보상

자료: 박종진, 손병기, 『49가지 품성에 기초한 성품 리더십 계발』, 동문사, 2021.

4) 셀프 리더십과 수퍼 리더십(표 3.3)

표 3.3 셀프 리더십과 수퍼 리더십의 차이점

구분	내용
수퍼 리더십	• 자신의 변화, 자신에 영향을 미치기 위한 행동과 사고방식에 초점 • 외부적 통제나 권한보다 높은 성과를 위해 노력
셀프 리더십	• 타인의 변화, 구성원 자신의 자신감과 능력, 기술을 갖추도록 하여 타인에게 성장할 수 있도록 자율권을 부여하는 데 초점 • 구성원 스스로 자기 자신을 리드할 수 있는 셀프리더(self-leader)가 될 수 있도록 하는 리더십

Worksheet

1. 셀프 리더십 개발을 위해 자신에게 필요한 역량을 생각해 보세요.

6. 서번트 리더십

1) 서번트 리더십의 개념 및 정의

서번트 리더십(Servant Leadership)은 그린리프(Greenleaf, 1970)에 의해 제시된 개념으로 인간존중을 토대로 조직구성원들에 대한 지원을 통해 그들의 잠재적 능력을 발휘하도록 해서 최대의 성과를 내는 리더십이다(신재흡, 2010). 서번트 리더는 직원과 고객을 포함한 다양한 이해 관계자의 이익을 보호하고, 지역사회의 가치 창출과 봉사에 관심을 기울이는 등 도덕적 책임을 다하기 위해 노력한다(Darvishmotevali & Altinay, 2022).

그린리프에 따르면 '섬기는 리더'에게 필요한 능력은 '깨닫는 능력', '예견하는 능력', '경청하는 능력' 등이다. 이것은 기존 리더십의 특징이었던 강압적이고 타협하지 않는 절대적 힘과 비교가 된다. 타인을 효과적으로 리드하기 위해서는 수직적으로 명령하고 순종적이기를 바라기보다는 먼저 도와주고 이해하며 능력이 발휘되도록 지원해야 한다. 참된 리더는 본인 스스로가 아니라 구성원들이 인정하기 때문이다. 서번트 리더십은 반드시 지위를 필요로 하지 않는다. 리더십은 어느 지위에서도 발휘될 수 있는 행동과정이기 때문이다. 섬기는 리더십은 구성원의 협동, 신뢰, 예견, 상호 경청하며 윤리적 권력의 행사를 지원한다.

섬김의 의미가 기본 철학이 되어 리더십이 발휘된다면 조직구성원 모두가 공동의 목표를 위해 힘을 하나로 통합할 수 있으며, 이것이 조직 문화를 구축하는 기초가 된다. 무엇보다도 타인의 자발적인 동의와 참여를 유도함으로써 조직의 성과가 개선될 것이다.

섬김 리더십의 대표적인 모델은 그린리프의 섬기는 리더십 이론을 바탕으로 하고 매슬로의 욕구단계설 모형을 인용하여 만든 제임스 C. 헌터의 모델이다.[1]

▶ 테레사(Teresa) 수녀.

---

1) J. C Hunter, The Servant Leadership (김광수 옮김: 서번트 리더십), 시대의 창, 2000. p. 131

2) 인간의 기본욕구

매슬로의 욕구 단계 이론은 개인의 욕구와 동기부여 이론으로 가장 널리 알려진 이론이다. 매슬로는 인간의 욕구에도 단계가 있다고 파악하고 하위 단계의 욕구가 충족되어야 다음 단계의 욕구가 발생한다고 설명했다. 욕구 단계는 생리적 욕구, 안정·안전의 욕구, 소속과 사랑의 욕구, 자존감의 욕구, 자아실현 욕구의 순이다(그림 3.1).

인간의 기본 욕구

그림 3.1 매슬로(Maslow)의 욕구 5단계.

(1) 생리적 욕구(의식주 욕구)

인간의 기초적인 욕구로서 의식주에 대한 욕구, 충분한 급여와 보상으로 충족이 가능하다.

(2) 안정, 안전 욕구

생리적 욕구가 충족된 단계로서 질병, 사고 등 위험으로부터 보호되고 안전해지기를 바라는 욕구와 경제적, 심리적으로 안정되고 싶은 욕구이다.

(3) 소속과 사랑의 욕구

생리적 욕구와 안정, 안전의 욕구가 충족된 다음 단계의 인간은 사회적 존재이므로 어디에든 소속되거나 다른 집단이 자신을 받아들이기를 원한다. 이 욕구는 다른 사람과의 상호 관계에 관한 욕구를 말한다. 우호적이고 건전한 관계 형성(건강한 집단)으로 충족이 가능하다.

(4) 자존감의 욕구(존경 욕구)

내적으로 자존감과 자율을 성취하려는 욕구이며, 외적으로는 타인으로부터 인정받고 어떤 지위를 확보하려는 욕구이다. 가치, 감사, 격려, 인정과 보상으로 충족이 가능하다.

(5) 자아실현의 욕구

자신이 이룰 수 있거나 될 수 있는 것을 성취하려는 욕구로, 자신을 최선의 존재로 만들거나 만들 능력이 있을 때 충족이 가능하다.

헌터에 따르면, 리더십의 핵심은 바로 이런 다양한 타인의 욕구를 정확히 규명하고 이를 충족시키는 데 초점이 맞추어져 있다. 타인의 욕구가 무엇인지 점검하고 그것을 충족시켜 주는 과정을 행동으로 실천하고, 모범을 보이며, 타인을 이끌어 가는 리더십, 즉 이것이 섬김의 리더십 모델이라고 헌터는 주장한다.

봉사와 희생이 있는 리더십은 상호간의 신뢰 관계를 형성하고 이를 바탕으로 리더십이 발휘된다. 이 봉사와 희생은 저절로 생겨나지 않으며 사랑이 전제될 때 가능하다. 타인을 인정하며 타인의 욕구를 충족시키려는 마음은 사랑에서 시작된다.

3) 서번트 리더가 보여주는 행동의 특징

(1) 경청(listening)

리더는 적극적이고 능동적인 경청을 통해 상대가 바라는 욕구를 명확히 알 수 있다. 상대방의 말의 내용은 물론 말한 사람의 의도, 욕구, 내면의 감정까지 이해하려는 적극적인 소통을 해야 한다.

Shutterstock

Gettyimages

(2) 공감(empathy)

공감은 깊은 이해심이라고 볼 수 있다. 감정이입을 통해 타인의 다양성을 인정하는 것이다. 서번트 리더의 공감 활동은 갈등으로 인한 구성원들의 정신적, 심리적 에너지 손실을 줄이고 조직과 업무에 집중해서 높은 성과를 내게 한다.

(3) **치유**(healing)

치유는 리더가 상대방을 이끌어가면서 보살펴주어야 할 상황이 있는지를 살피는 것이다.

Gettyimages

(4) **설득**(persuasion)

조직 내에서 의사결정을 할 때 복종을 강요하기보다 다른 사람을 설득하기 위해 노력한다.

(5) **비전**(vision)

비전이란 조직이 달성하고자 하는 목표를 구체화한 것으로 조직의 미래 모습이다. 비전은 장기적인 관점에서 이루고자 하는 목표이어야 한다. 리더는 구성원들이 조직의 비전을 잘 인지할 수 있도록 노력해야 한다.

(6) **통찰력**(insight)

통찰력은 사물과 타인에 대한 관심이며 관찰의 결과이며 경험으로부터 단련되는 직관이다.

(7) **스튜어드십**(stewardship)

서번트 리더는 구성원들을 위해 봉사하고 자원을 관리한다.

Gettyimages

(8) **성장 지원**(commitment to the growth of people)

리더는 구성원들이 개인적, 직업적, 정신적으로 성장할 수 있도록 발전을 위한 기회와 자원을 제공한다.

(9) **공동체의식 형성**(building community)

리더는 구성원들이 서로 존중하고 상호작용하며 공동의 목표를 달성하기 위해 서로 배려하고 협력하는 공동체 의식을 만들어간다.

서번트 리더십 사례

故 김수환(스테파노) 추기경

Wikimedia Archbishop Stephen Kim Sou-hwan 1968

구성원들에 대한 인간적 존중을 바탕으로 그들의 잠재력을 최대한 발휘할 수 있는 환경을 만드는 것이 서번트 리더십이라 할 수 있다. 김수환 추기경은 가톨릭교회의 리더일 뿐만 아니라 사회운동가로서의 리더 역할을 수행하였다. 군사 독재 정권의 퇴진을 요구하는 민주화 운동에 핵심적인 역할을 하며 김수환 추기경은 사람들에게 인간의 존엄성과 평등에 대한 가르침을 전파하였다.

김수환 추기경의 서번트 리더십 세 가지

첫째, 경청(listening)

김수환 추기경은 항상 사람들의 말을 경청하던 리더였다. 외부에서 강론을 할 때도 항상 미리 강론 장소의 사람들을 불러 그들과 이야기를 나누며 그들의 말을 경청하고 그들이 원하는 바를 파악하려고 하였다. 보통 신부님들은 그곳 사람들을 고려하지 않고 성경 구절이나 자신이 하고 싶은 말을 준비해 가는데, 김수환 추기경은 진정으로 그들에게 필요한 말을 해주기 위해 그들의 말을 경청하였다.

Gettyimages

둘째, 치유(healing)

리더는 구성원을 이끌어 가면서 어려움을 겪고 있는 구성원이 있는지 살펴보고 그것을 해결해주려고 노력하는 것이다. 김수환 추기경이 가톨릭신문사를 맡을 당시 그의 행동에서 잘 드러난다. 당시 가톨릭신문사는 매우 열악한 상황이었다. 기자와 직원을 모두 합쳐도 열 명이 되지 않았고, 겨우 신문을 만들고 나면 직원들에게 월급을 주는 것조차 힘들었다. 이때 김수환 추기경은 자신의 월급을 깎아서라도 기자와 직원들에게 더 많은 월급을 주려고 노력하였다. 특히 집안 사정이 좋지 않은 사람들에게는 남몰래 도움을 주기도 하였다.

Gettyimages

셋째, 공동체 형성(building community)

리더는 조직원들로 구성된 공동체를 형성하기 위해 노력해야 한다. 김수환 추기경은 소공동체를 단순한 친목 모임이 아니라, "교회라는 성격에 맞게 복음을 실천하고 인격적인 만남을 가능하게 하는 모임"이라 정의했다. 공동체 활성화를 위해 구체적인 방안을 제시하는 등의 노력하는 모습을 보였다.

자료: 사례 발췌, https://blog.naver.com/rhwpgus90/222489431768

Gettyimages

Worksheet

1. 내가 할 수 있는 서번트 활동에는 어떤 것이 있을까 있을지 적어 보세요.

ex) 봉사활동, 후원금 내기, 주변 환경에 있는 쓰레기 줍기 등

7. 윤리적 리더십

1) 윤리적 리더십의 개념

윤리적 리더십(Ethical Leadership)은 개인의 행동뿐만 아니라 대인관계에서 규범적으로 적절하게 행동하고 쌍방향의 의사소통, 강화, 의사결정을 통해 구성원들에게 윤리적 행동을 장려하는 능력이며 (Brown, Trevino & Harrison, 2005), 윤리적 행동 그 자체를 강조하고, 촉진하는 것으로 설명할 수 있다 (Agarwal, Gupta & Cooke, 2022).

윤리적 리더는 구성원들에게 정직성, 신뢰, 공정성, 배려, 솔직함, 겸손함, 공정함과 같은 윤리적 행동을 실천하는 모델로서의 역할을 수행하며 그에 따르는 보상과 규제를 통하여 조직 전체가 원칙에 부합되는 도덕적인 선택을 하도록 유도하는 역할을 한다.

'도덕적인 사람'은 구체적으로 어떤 사람인가? 보편적으로 널리 인정받는 입장에서는 이타주의 측면을 강조한다. 즉, 다른 사람들에게 도움이 되는 덕행(virtuous behaviors)을 하고 타인에게 해가 되는 행위를 자제하는 사람을 윤리적 리더로 본다.

2) 노블레스 오블리주 (Noblesse Oblige)

사회적 지위가 높거나 명예를 가진 사람들에게 요구되는 높은 수준의 도덕적 의무인 노블레스 오블리주는 '고귀한 신분에 따르는 도덕적 의무와 책임'으로 알려졌다.

노블레스 오블리주에서 원래 노블레스는 '닭의 벼슬'을 의미하고 오블리주는 '닭의 노른자'라는 뜻이라고 한다. 이 두 단어를 합성해 만든 '노블레스 오블리주'는 닭의 사명이 자기의 벼슬을 자랑함

Gettyimages

에 있지 않고 알을 낳는 데 있음을 말해 주고 있다. 한편에서는 사회적 리더들의 덕성에 의지하는 노블레스 오블리주 리더십에 관심을 갖게 된다. 『사회 지도층 인사에게 요구되는 높은 수준의 도덕적 의무』를 말하는 것으로서 흔히 『귀족의 의무』(obligation of the noble) 라고도 한다. 어느 사회, 어느 조직을 막론하고 사회나 조직에서 지도자의 말 한마디 또는 행동 하나하나가 매우 중요하다.

'노블레스 오블리주'란 무엇인가? 바로 국가로부터, 사회로부터 혜택받은 만큼 책임과 의무를 다해야 한다는 것이다.

리더 한 사람의 행동에 따라서 그 조직이 추구하는 목적이나 목표가 성공할 수도 있고 실패할 수도 있다. 오늘날 우리 사회의 가장 큰 문제는 바로 사회 각 분야의 다양한 지도자들의 도덕적 수준이 낮다는 것에 있다. 이러한 상황에서 지도자에 대한 조직원들의 불신과 배신감은 정말 심각한 상황이다. 언론 보도에서 종종 밝혀지는 사회 각 분야 지도자들의 비리 보도는 정말 안타까운 실정이다.

경쟁사회에 성공하고 승리하기 위해서 조직의 리더는 반드시 노블레스 오블리주 정신을 가져야 한다. 조직의 특권과 권력을 누리는 데에만 급급하고, 책임지거나 봉사하기 싫어하는 지도자들이 이끄는 조직은 절대로 성공할 수 없다.

진정한 리더는 위험하고 어렵고 힘든 일에 앞장서서 과감히 자신의 몸을 내던져야 한다. 리더들의 도덕적 수준이 높을 때 그 조직도 반드시 성공할 수 있다.

사례

영국의 노블레스 오블리주 (Noblesse Oblige)

Gettyimages

그림 3.2 영국의 이튼 칼리지(Eton college).

영국의 이튼 칼리지(Eton college)는 1440년 헨리 6세가 창설한 학교로 영국사회의 상류 부유층 자녀들이 입학한다. 옥스퍼드 대학교, 케임브리지 대학교, 사관학교 등으로 진학하여 사회 지도자가 되는 귀족 양성 학교로, 이 학교 출신자들의 투철한 도덕의식과 솔선수범, 자발적인 공공봉사와 헌납전통은 세계적인 모범 사례로 꼽힌다. 1, 2차 세계대전 중 이 학교 출신의 전사자가 무려 2,000명이 넘었고 1982년 아르헨티나와의 포클랜드 전쟁에서는 영국 여왕의 둘째 아들 앤드루 왕자가 75일간 전투 헬기의 조종사로 참전하기도 하였다. 또 전쟁의 불가사의라고 하는 1815년 영국과 프랑스 간의 '워털루 전쟁'은 잘 훈련되고 조직된 전투경험이 많은 프랑스군 125,000명과 전쟁터 인근에서 급하게 모집한 노동자, 농민으로 구성된 영국군 90,000명이 참전한 싸움으로서 근본적으로 영국군이 이길 수 없는 전투였다.

그러나 이 전투에서 프랑스군은 40,000명이 전사하고 대패하였으며 이로 인해 나폴레옹은 다시 돌아오지 못하는 세인트헬레나섬으로 유배를 떠나는 치욕을 맞았다.

객관적 전력에서 열세인 영국군의 승리비결은 전사자들의 신원 조사에서 드러났는데 프랑스군의 전사자들은 주로 하층민들이었고 영국군 전사자들은 이튼 칼리지 출신을 비롯하여 많은 귀족 자녀들로 확인되었다.

이러한 귀족 자녀들이 위험한 전투에 앞장서서 솔선수범하는 것을 본 노동자, 농민들이 자신들도 생명을 아끼지 않고 전투에 몰입한 것이 승리의 비결이었던 것이다.

자료: 사례 발췌, 법률신문(2006-11-27 입력)
- https://www.lawtimes.co.kr/Legal-Info/Research-Forum-View.aspx?serial=1760

Worksheet

1. 자신이 아는 노블레스 오블리주의 사례를 설명하세요.

2. 노블레스 오블리주가 필요한 사례를 설명하세요.

3) 윤리적 리더십의 행동 특성

(1) 타인존중

윤리적 리더는 타인을 존중해야 한다(그림 3.3). 학자 칸트(Immanuel Kant)는 존경심을 가지고 다른 사람을 대하는 것은 우리의 의무라고 하였다. 타인을 존중하는 리더는 구성원들 개개인의 절대적인 가치와 소중한 개인 차이를 인정하므로 구성원들이 리더를 인정하고 존중하게 된다.

Burns(1978)는 타인을 존중하는 리더는 구성원들의 말을 수용적 자세로 경청하고 공감하며, 반대의 의견도 관대하게 받아들이는 것을 의미한다고 하였다. 리더가 구성원들을 존중할 때 구성원들은 자신이 맡은 분야에서 자신감을 가지고 최선을 다하게 된다.

Gettyimages

그림 3.3 타인과의 관계: 존중.

(2) 봉사

윤리적 리더는 타인을 섬길 줄 알고 이타적이어야 한다. 구성원들의 입장에서 우선적으로 고려해야 하며, 공동의 이익을 위해 공헌하고 도움이 되기 위해서 구성원들의 이익을 최우선에 두고 이해관계자들을 위해 봉사할 줄 알아야 한다.

Gettyimages

(3) 공정성과 정당성

공정성과 정당성은 윤리적인 판단을 하는 중요한 기준이 된다. 구성원들을 평등하게 대해야 하며, 일반적으로 특별한 상황 요건을 제외하고는 조직 내에서 차별적 대우를 받거나 특별한 배려를 받아서는 안 된다. 리더의 공정한 업무처리는 조직의 윤리적 기초가 된다.

(4) 정직성

사회적 관계에 있어서 중요한 것은 상호 신뢰와 구성원들 간의 다른 입장을 조율하는 조화라고 할 수 있다. 리더가 정직하지 않으면 구성원들은 리더를 더 이상 신뢰하지 않는다. 구성원들의 리더에 대한 존경심이 사라지면 결국 리더의 영향력도 함께 사라지게 된다. 정직은 다른 사람들에게 마음의 문을 열고 진실을 있는 그대로 완전히 표현하는 것이다.

Gettyimages

(5) 공동이익 추구

개인이나 기업이나 어떤 조직에서든 모든 거래에 있어서 직간접적으로 이득이나 서로의 공동이익이 존재하지 않으면 거래는 성립하기 어렵다. 윤리적 리더는 도덕적 목표의 확립을 추구하기 위해 개인의 목표와 조직의 목표는 공동의 선과 공적 이외의 테두리 안에서 추구되어야 한다. 그러므로 윤리적 리더는 공동 선(善)에 중점을 두어야 한다.

4) 윤리적 리더십과 서번트 리더십의 비교

표 3.4 윤리적 리더십과 서번트 리더십의 비교

윤리적 리더십	서번트 리더십
타인존중	서번트로서 인식
타인을 위한 봉사	솔선수범
공정, 정직	공감, 경청
공동의 이익 추구	권한 위임을 통한 리더십 공유
구성원들의 동의와 수용 중시	설득

윤리적 리더십 사례

베지밀을 만든 정식품 창립자, 정재원 회장의 삶

강습소의 어린 심부름꾼(급사)에서 의사가 되다

홀어머니 밑에서 가난하게 자란 정재원은 황해도에서 보통학교만 졸업한 뒤 서울에 와서 아무 일이나 하였다. 그러다 우연히 의학강습소의 급사 자리를 얻었는데, 등사기를 밀어서 강습소 학생들이 볼 강의 교재를 만드는 일이었다.

"자연스레 교재를 들여다봤죠. 용어가 어려워 옥편을 뒤져가면서 독학을 하다 보니 '나도 한번 해볼까?'라는 생각이 들었어요. 당시에는 의대에 다니지 않아도 시험만으로도 의사자격증을 딸 수 있었거든요."

주경야독으로 의사고시에 매달린 지 2년 만인 20세에 그는 의사고시에 합격하여 국내 최연소 의사가 되었다. 시험에 합격한 해인 1937년 서울 성모병원의 의사가 됐다. 이때 뼈가 앙상하고 배만 볼록 솟은 아기 환자가 왔다. 차트를 보니 병명이 '소화불량'이었는데, 아이는 끝내 세상을 떠났다. 어떤 의사도 아이를 살릴 수 없었다. 이후에도 복부 팽만으로 병원을 찾는 적지 않은 신생아들이 설사만 하다가 무력하게 죽어갔다.

의사가 된 청년은 자책과 의문에서 헤어나오지 못했다. '원인 모를 병으로 죽어가는 아이들을 언젠가는 고쳐야겠다.'고 다짐했다. '그래, 이제 유학을 가보자.' 당시 43세였던 그는 의사 초년병 시절에 접했던, 소화불량에 걸린 신생아들을 고칠 방법을 찾기 위해 의학 선진국으로 떠났다. 이때 그에게는 아내와 6남매가 있었고, 의사로서의 안정된 삶도 보장돼 있었다. 하지만 아이들을 살려내야겠다는 사명감을 떨칠 수가 없었다.

"영국 런던대학에 공부하러 갔지만 뾰족한 수를 찾지 못했어요. 곧장 미국 샌프란시스코의 UC 메디컬센터로 건너가 미국에도 비슷한 증상이 있나 샅샅이 뒤져봤지요."

1964년, 그는 도서관에서 소아과 교재를 읽다가 무릎을 쳤다. 바로 '유당불내증(乳糖不耐症, lactose intolerance)'이 소개된 대목이었다.

우유 대용식 베지밀로 기업인이 되다

유당불내증은 우유나 모유의 유당을 분해하는 효소가 부족한 사람들에게 나타나는 증상이다. 이 증상을 가진 신생아는 모유나 우유를 소화하지 못해 영양실조로 죽는다. 우유 대용식을 만드는 게 급선무란 생각이 들었다. 그는 어린 시절 어머니가 끓여줬던 콩국을 떠올렸고, 그 길로 한국으로 돌아왔다. 이후 서울 명동에서 '정소아과'를 운영하며 아내와 함께 우유 대용식 개발에 매달렸다. 아내가 콩을 맷돌로 갈아 콩국을 만들면 그는 콩국의 영양이 충분한지 분석했다. 병원 지하에 실험용 흰 쥐를 잔뜩 갖다놓고 콩국을 먹인 쥐에게 유당불내증이 나타나는지를 실험했다. 이렇게 3년 남짓 연구한 끝에 두유를 개발해냈고 이것을 설사병에 걸린 신생아들에게 주었다. 병상의 아이들은 눈을 뜨면서 기력을 차렸다. 콩에는 필수영양소(단백질 40%, 탄수화물 35%, 지방 20%)가 들어 있지만 유당은 들어 있지 않다.

"인생에서 최고로 기뻤던 순간"이었다. 설사병을 앓는 아이의 부모들 사이에서는 '정소아과가 용하다'는 입소문이 났다. 전국 각지에서 그를 찾아왔다. 이번에는 또 다른 문제가 생겼다. 환자가 몰리자 두유 수요가 부족했다. 자연히 아픈 아이들에게 부족함 없이 두유를 주고 싶다는 생각이 커졌다. 결국 정재원은 1973년 '정식품'이란 회사를 세워 두유 대량 생산에 나섰다. 콩국이 식물성 우유라는 점에 착안해 식물(vegetable)과 우유(milk)의 영문명을 합쳐 '베지밀'이라는 이름을 지었다. 당시 56세였던 그는 다시 한 번 도전의 길에 접어들었다. "개인 병원만 운영하다 기업을 이끄는 것은 차원이 다른 일이었지요. 하지만 신생아들을 살리려면 창업 말고는 다른 길이 없었어요." 그가 사명감을 가지고 만든 베지밀은 지금도 두유업계 부동의 1위를 달리고 있다.

'인류 건강을 위해 이 한 몸 바치고저'를 정식품의 창업이념으로 정한 그는 "사회적 역할에 대한 충분한 고민과 성찰이 있어야 기업이 무한경쟁의 시대에서 진정한 성장을 할 수 있다."고 강조했다.

박꽃처럼 예쁜 아내(故 김금엽 여사)를 만나다

그는 성모병원에서 의사 생활을 하던 시절 아내를 만났다. 고아인 아내는 수녀원에서 자랐고, 성인이 된 아내는 가톨릭 계열인 성모병원 간호사로 일하고 있었다. 그에게는 내노라하는 집안에서 중매가 여러 건 들어왔지만 그는 모두 거절했다.

'박꽃처럼 예뻤던 아내' 때문이었다. 아내에게 유학을 권해 일본에서 간호학을 공부하고 1942년 두 사람은 부부가 되었다. 함께 두유를 개발한 아내는 정식품의 각자 대표를 맡아 사업에서도 든든한 지원군이 되었다. 그런 아내가 81세의 나이로 세상을 떠날 때 정 명예회장은 아내의 장례식장에 턱시도를 차려입고 조문객을 맞이했다. 그의 턱시도는 황해도에서 결혼식 때 입었던 예복이었다. 부부는 반세기 넘게 '결혼의 징표'인 턱시도와 면사포를 간직했다. 턱시도를 입은 정 명예회장은 아내의 관(棺) 속에 흰색 면사포를 넣으며 정성을 담은 작별 인사를 했다.

출처: http://www.djenews.co.kr/news/articleView.html?idxno=71871, 재정리.

8. 감성 리더십

1) 감성 리더십의 정의

감성 리더십(Emotional Leadership)은 조직의 높은 성과 달성과 팀워크 조성을 위해 조직 내 긍정적 분위기를 이끌어 내는 리더십을 말한다(Xiong, Chen, Okumus & Fan, 2022). 감성 지능을 갖춘 리더는 조직을 보다 효과적으로 이끌어 갈 수 있다. 감성 지능은 마음이 관련된 것으로 감정조절, 동기부여, 타인의 감정인식, 원만한 대인관계 능력이며 성공적인 조직 생활에 매우 중요한 요소이다.

Mayer & Salovey(1990)는 "감성 지능(emotional intelligence)이란 감정을 정확히 지각하고 인식하여 표현하는 능력, 감정을 생성하거나 이용하여 사고를 촉진시키는 능력, 감정과 감정 지식을 이해하는 능력, 감정발달과 지적발달을 촉진시키기 위해 감정을 조절하는 능력"으로 정의하였다.

(1) 감성지수(Emotional intelligence Quotient, EQ)

감성지수는 지능지수(intelligence quotient, IQ)에 대비되는 개념으로, '마음의 지능지수'라고도 한다. 미국의 하버드대학 교수이며 행동심리학자인 다니엘 골먼 박사는 "인간의 총명함을 결정하는 것은 IQ가 아니라 EQ(emotional intelligence quotient)"라고 재창해 커다란 반향을 일으켰다.

EQ란

- 감정을 통제·조절하고 타인과 원만한 관계를 유지할 수 있는 능력
- 거짓 없는 자기의 느낌을 솔직하게 인정하고 마음으로부터 납득할 수 있는 판단을 내리는 능력
- 불안이나 분노에 대한 충동을 조절할 수 있는 능력
- 어려운 상황일 때도 자신에게 힘을 북돋아 주고 긍정적인 생각을 유지할 수 있는 능력
- 남을 배려하고 공감할 수 있는 능력
- 집단 속에서 조화와 협조를 중시하는 사회적 능력

▶ 다니엘 골먼(Daniel Goleman) 박사.

Kris Krüg/flickrl

(2) EQ의 정서적 능력(미국 예일대학의 셀로비 박사)

① 자신의 정서를 인지하는 능력

② 자신의 정서를 조절하는 능력

③ 자신에게 동기를 부여하는 능력

④ 타인의 정서를 인지하는 능력

⑤ 인간관계를 관리하는 능력

EQ가 낮은 사람의 특징

- 참을성이 없다.
- 화를 잘 낸다.
- 인간관계가 원만하지 못하다.

2) 감성리더가 되는 과정

자기인식 능력 → 자기관리 능력 → 사회적 인식 능력 → 관계관리 능력

(1) 개인적 능력: 자신을 다스리는 능력

자기인식 능력

① 감성적 자기인식 능력: 자신의 감정을 읽고 그것의 영향력을 깨닫는 것, 결정을 내리는 데 본능적인 감각을 이용

② 정확한 자기평가: 자신의 평가를 통해 자신의 장점과 한계를 아는 능력

③ 자신감: 자신의 가치와 능력에 대해 긍정적으로 생각하는 능력

▶ 자기인식 능력.

Gettyimages

자기관리 능력

① 자제력: 충동을 통제하고, 침착하고 냉철함을 잃지 않는 능력

② 투명성: 자신의 감정, 믿음, 행동에 대해 솔직하게 개방하고 보여주는 능력

③ 적응력: 상황의 변화에 유연하고 기민하게 적응하고 대처하는 능력

④ 성취력: 높은 목표를 설정하고 그 목표를 달성하기 위해 노력하는 능력

⑤ 주도성: 주도적으로 먼저 나서고 기회를 포착하는 능력

⑥ 낙천성: 모든 사물을 긍정적으로 보고, 실패를 기회로 여기는 능력

(2) 사회적 능력: 관계를 다스리는 능력

사회적 인식 능력

① 감정이입 능력: 다른 사람의 느낌, 욕구, 관심을 알아채는 능력

② 조직적 인식능력: 정치적으로 기민하며, 중요한 사회적 네트워크를 간파하고, 핵심적 권력관계를 인식하는 능력

③ 서비스 능력: 구성원과 고객의 요구를 알아차리고 부응하는 능력

관계관리 능력

① 감화력: 확고한 전망으로 구성원을 이끌고 공감을 유도하여 일을 흥미있게 만드는 능력

② 영향력: 사람을 끄는 설득력과 매력을 지니는 능력

③ 타인의 능력개발: 타인의 목적과 욕구, 강점과 약점을 이해하고, 건설적인 조언과 개발을 지원하는 능력

④ 변화촉진: 변화의 필요성을 절감하고, 도전하며, 반대에 직면 하더라도 변화를 옹호하는 능력

⑤ 갈등관리: 다른 관점들을 이해, 공동의 이상을 향해 에너지를 발휘하도록 유도하는 능력

⑥ 팀워크 및 협력: 화합 분위기 창출, 구성원의 집단적 노력에 능동적이고 열정적으로 헌신하도록 유도하며 긴밀한 관계를 맺도록 만드는 능력

※ 자료: 변상우, 리더십 개발과 훈련, 청람, 2012, pp.308~311

3) 감성의 8가지 범주

Goleman(1995)은 감성을 8가지(기쁨, 사랑, 노여움, 슬픔, 두려움, 놀람, 싫음, 부끄러움) 범주로 구분하였다.

① 기쁨: 행복, 즐거움, 안심, 만족, 환희, 재미, 긍지, 쾌감, 스릴, 희열, 도취 등

② 사랑: 존경, 우정, 친절, 헌신, 동경, 심취 등

③ 노여움: 격노, 격분, 분개, 앙심, 성가심, 흥분, 적개심 등

④ 슬픔: 비탄, 비애, 침울, 우울, 자기연민, 고독, 실의, 절망, 의기소침 등

⑤ 두려움: 걱정, 우려, 불안, 근심, 질색, 경계심, 무서움, 공포, 당황 등

⑥ 놀람: 충격, 경악, 경탄, 경이 등

⑦ 싫음: 경멸, 멸시, 증오, 혐오, 불쾌 등

⑧ 부끄러움: 죄의식, 창피, 억울, 후회, 모욕, 유감, 굴욕, 뉘우침 등

참고 | 감성지수란?

▶ 감성지수와 지능지수.

피터 셀로비는 "자신과 타인의 감정과 느낌을 감지하고 그 차이를 구별하며, 이 지식을 자신의 사고와 행동의 지침으로 이용할 수 있는 능력"이라고 정의했다. 캐리 처니스는 "자신과 타인의 감정을 인지하고 조절할 수 있는 능력"이라고 했다.

표 3.5 감성지수 미니테스트

설문내용	예	아니오
1. 어떤 특별한 사건에 대해 실제보다 더 흥분해야 한다고 느끼는가?		
2. 남들은 울 것 같은 상황에서도 눈물이 나지 않는가?		
3. 결코 화를 내지 않는 것에 대해 자부심을 느끼는가?		
4. 남에게 신경질적이고 냉혹하거나 무정하다는 소리를 들어본 적이 있는가?		
5. 타인에 대한 기대가 실제 나타나는 결과와 다른 것에 대해 자주 놀라는 편인가?		
6. 남들이 갖고 있는 문제는 대체로 그들 자신의 결함이라고 느끼는가?		
7. 나와는 다른 배경 출신의 팀원들과 일하는 것이 어려운가?		
8. 배우자나 팀원이 당황하면 나도 당황하거나 집중할 수 없는가?		
9. 의견에 있어 악의 없는 발언이나 상황에 대해 배우자, 자녀, 동료에게 화를 내는가?		
10. 나의 가장 가까운 친구나 배우자는 내가 자신의 감정 관리에 문제가 있다고 말하는가?		
11. 자주 농담을 하거나 빈정대는 편인가?		
12. 토론을 하다가 뛰쳐나가거나 격한 이메일을 보내거나 또는 문을 꽝 닫는 경우가 있는가?		
13. 프로젝트팀, 매니저, 후원자들과의 관계가 피상적이고 목전의 임무에 한정되어 있는가?		
14. 특정한 개인과 자주 사소한 언쟁에 휘말리는 편인가?		

15. 스스로 다른 사람의 희생자라고 느끼거나 속으로는 '아니요'를 외치고 싶으면서 겉으로는 '예'라고 말하는가?		
16. 사람들이 나 때문에 팀을 떠나는가?		
17. 의사소통에 어려움을 느끼는가?		
18. 내 팀이 프로젝트의 목표를 이해하지 못하는 것에 놀라움을 느끼는가?		
19. 해결의 기미가 보이지 않는 프로젝트와 관련하여 갈등을 경험하는가?		

해당 개수	평가 및 해석
17~19	아주 훌륭하다. 당신의 감성지수를 이해하는 소수의 프로젝트 관리자에 속한다.
13~16	좋은 편이지만 몇 개의 주요 분야에서 개선이 요망된다.
7~12	몇 개 분야에서 강한 면모를 보여주고 있지만 개선의 여지가 있는 다른 분야들도 있다. 감성지수 개발에 공을 들이면 더 지속적인 성과를 기대할 수 있다.
1~ 6	감성지수의 개선 여지가 많다. 이 분야에 대한 투자가 프로젝트의 성과와 경력 향상에 도움이 될 것이다.

감성 리더십 사례

스타벅스를 성공시킨 하워드 슐츠 명예 회장

1971년에 미국 워싱턴 주 시애틀에서 창립된 스타벅스(Starbucks Corporation)는 세계에서 가장 큰 다국적 커피전문점이다. 77개국에서 총 2만8천여 개의 매장, 한국에만 1150여 개가 넘는 매장을 운영하고 있다. 최초의 스타벅스는 동업자 제리 볼드윈과 고든 보커, 지브 시글이었고 이때는 원두를 판매하는 소매점이었으나 1987년 하워드 슐츠가 인수하고 커피전문점으로 새롭게 탄생시켰다.

스타벅스를 세계 최대의 커피 회사로 키운 하워드 슐츠의 경영혁신 비법

커피가 아닌 문화를 파는 공간으로 거듭난 '스타벅스 성공신화'는 하워드 슐츠에게서 시작된다. 스타벅스가 글로벌 기업이 된 데에는 리더인 하워드 슐츠의 조직을 움직이는 인간중심 경영의 영향이 컸다.

▶ 하워드 슐츠(Howard Schultz) 스타벅스 명예 회장.

한동안 스타벅스는 핵심 가치와 초심을 멀리한 채 매장 수만 1만6,000개를 넘기며 몸집 불리기에만 열중했다. 그 결과, 2007년 스타벅스는 방문 고객 증가율이 최저치로 떨어지고 주가도 42%나 하락했다. 2000년 경영 일선에서 물러난 슐츠는 8년 만에 CEO로 전격 복귀했고, 스타벅스를 송두리째 바꿔 놓은 초유의 혁신 프로젝트를 감행한다. 슐츠는 사활을 걸고 2년간 혁신과 도전을 단행한 것이다.

"나 홀로 성공하는 것은 공허할 뿐이다. 사람들과 함께 성공에 도달해야 값진 것이다. 얼마를 버는가도 중요하지만 '위대한 회사'를 만드는 것이 더 중요하다. 위대한 회사는 바로 사람을 존중하는 회사이다."

하워드 슐츠는 이렇게 말하며 직원들에게 다양한 교육과 지원을 제공하였다.

2008년 2월 26일, 스타벅스는 70억 원의 매출을 포기하고 미국 전역의 매장을 3시간 동안 일제히 문을 닫았다. 닫힌 스타벅스 매장 안에서 모든 직원과 바리스타에게 커피에 대한 정성과 고객 서비스에 대한 재교육을 하였다. 더 맛있는 커피를 만들 수 있도록 다양한 기회를 제공하고 파트너들이 대학교에 진학하면 4년 장학금을 지원하기도 하며 스타벅스 모든 파트너들(파트타임 근무 직원들)에게도 건강보험을 지원하였는데 매년 4천억 달러가 투입되었다. 그러자 주주들이 "슐츠, 건강보험료를 줄여. 그렇게 해도 당신을 비난할 사람은 없을 거야. 어쩌면 비용 감축을 위한 최고의 타이밍일지도 몰라." 슐츠가 대답했다.

"건강보험은 오히려 더 굳건해져야 할 '제 자신과의 약속' 같은 것입니다. 4천억 정도는 다른 여러 부분의 비효율을 줄임으로써 충당할 수 있습니다. 여러분 더 깊이 생각하십시오. 여러분이 직원들을 위해 가치를 제공하지 않는다면 여러분의 주주 가치 역시 지속될 수 없을 것입니다."

결과는 어떻게 되었을까?

AP Images

2009년부터 스타벅스의 이익이 발생하기 시작했고, 2010년에는 11조 원이라는 사상 최대의 매출을 기록하며 제2의 전성기를 맞이하게 됐다. 2016년에는 미국 스타벅스 전 직원의 급여를 5~15% 인상해 주었다.

경영진과 이사회, 주주들까지 모두가 반대했던 일이지만 이를 시작으로 스타벅스의 초기 경영 이념과 핵심 가치를 되살린 혁신 목표는 재정립되었다.

스타벅스의 최우선 원칙이자 가치는 '직원 만족, 직원의 행복'이다.

고객 서비스를 하기 전 외부 고객보다 먼저 내부 고객에게 최선을 다하자는 경영방침인 것이다. 외부 고객 존중이 두 번째 가치인 이유는 직원이 직장에서 만족과 행복을 찾으면 그 직원이 대하는 고객 역시 만족감을 느낄 수 있다. 그러면 고객은 다시 스타벅스를 찾게 되고 회사는 수익을 올릴 수 있고 그로 인해 직원 만족이 회사의 가치를 높이는 결과가 되었던 것이다.

하워드 슐츠 스타벅스 의장의 '온워드(Onward)'

Wikimedia

어제보다 나은 오늘을 갈망하는 모든 이들에게 슐츠가 던지는 강력한 혁신 메시지다.

'전진, 앞으로!'라는 의미의 단어 '온워드(Onward)'는 그가 스타벅스에서 편지를 쓸 때나 연설할 때 즐겨 사용하는 말이다. 이 말 속에는 안정적인 현실보다 불확실한 미래를 과감히 선택하는 이들에게 힘과 용기를 주는 응원과 격려의 메시지가 담겨 있다.

"사람들은 혹은 기업가들은 가끔 착각을 한다. 자신 덕분에 CEO의 능력으로 직원들이 돈을 번다고 생각한다. 하지만 사실은 내가 직원들 덕분에 부자가 되고 CEO가 될 수 있는 것이다. 정말 감사하는 마음을 가져야 하는 사람은 바로 나다. 그리고 내가 스타벅스를 이끄는 리더십의 첫 번째 원칙은 사람들에게 확신을 주는 것이다."

경영자의 리더십은 기업이 위기에 처했을 때 더욱 빛을 발할 수 있다. 슐츠는 급격한 개혁과 어려운 상황에서 해결법을 독단적이지 않고 직원들의 자발적인 참여를 이끌어내는 독특한 감성리더십으로 경영 위기에 처한 스타벅스를 일으켜 세웠다. 이성과 감성을 겸비한 그의 리더십과 경영 스타일을 풀어낸 경험담을 통해 기업의 리더들은 힘든 혁신 끝에 이루어낸 성공에 공감할 것이다.

자료: Schultz Howard, Gordon Joanne, Onward How Starbucks Fought for Its Life Without Losing Its Soul, Rodale Press, 2012

9. 기러기 리더십

한낱 조류인 기러기에게도 우리 사람들의 삶에서 배워야 할 교훈들이 있다.

결혼식 폐백할 때 기러기 모형을 놓고 예를 올리는 것은 기러기가 가지고 있는 세가지 덕목을 사람들이 본받자는 의미로 사용된다.

Gettyimages

1) 기러기의 세 가지 덕목

(1) 기러기는 '사랑의 약속'을 영원히 지킨다

보통 수명이 15~20년 정도인데 짝을 잃으면 결코 다른 짝을 찾지 않고 홀로 지낸다.

기러기는 한국의 전통 결혼식이나 폐백할 때 없어서는 안 되는 존재이다. 전통혼례에서 첫 의식인 전안례(奠雁禮)로 신랑이 신부집에 나무로 깎은 기러기 한 쌍을 들고 가는 예식이 있고 현대 결혼식에서는 폐백할 때 기러기 모형을 놓고 예를 올리기도 한다. 혼례식에 기러기를 사용하는 이유는 기러기는 짝을 한번 잃으면 평생 다른 짝을 찾지 않고 홀로 지내기 때문에 영원한 사랑의 약속을 상징하므로 인륜지대사(人倫之大事)인 혼례식에 기러기를 사용한다.

(2) 질서를 지킨다

상하 질서를 잘 지키며 매년 약 40,000 km의 거리를 비행할 때도 행렬을 잘 맞추어 서로 응원하며 서로 돕는 슬기로움과 그 독특한 비행에서 예와 질서를 지킨다.

(3) 흔적을 남긴다

기러기는 왔다는 흔적을 분명히 남기는 속성이 있다. 인간이 추구하는 삶으로서 타인에게 의미 있는 삶을 사는 것이 바람직하다고 본다.

2) 톰 워샴(Tom Worsham)의 '기러기 이야기(The Story of Goose)'

기러기는 먹이와 따뜻한 곳을 찾아 약 40,000 km를 비행하는데 옆에서 함께 날갯짓을 하는 동료를 의지하며 날아간다. 가장 앞에 날아가는 리더의 날갯짓은 기류에 양력을 만들어 주어 뒤따르는 기러기가 혼자 날 때마다 71% 정도 쉽게 날 수 있도록 도와준다.

이들은 날아가는 동안 끊임없이 울음소리를 내는데 그 울음소리는 앞에서 거센 바람을 가르며 힘들게 날아가는 리더에게 보내는 응원의 소리이다.

만약 어느 기러기가 총에 맞았거나 아프거나 지쳐서 대열에서 이탈하게 되면 다른 동료 기러기 두 마리도 함께 대열에서 이탈해 지친 동료가 원기를 회복해 다시 날 때까지, 아니면 죽음을 맞을 때까지 옆에서 지켜준다. 이렇게 의리를 지킨 다음 다른 기러기 떼와 함께 날면서 자기 무리로 돌아온다.

"빨리 가려면 혼자 가고 멀리 가려면 함께 가라"는 교훈이 있다

기러기는 다른 동물처럼 한 마리의 대장이 지배하고 그것에 의존하는 사회가 아니라는 점에 주목해 보아야 한다. 제일 앞에서 비행하는 리더 기러기가 지치고 힘들어지면 그 뒤의 기러기가 제일 앞으로 나와 리더의 역할을 한다. 이렇게 기러기 무리는 서로 순서를 바꾸어 리더의 역할을 하며 길

▶ 기러기 리더십.

을 찾아 날아간다. 선두의 자리를 계속 교체하며 날아가고 약자는 편대의 중간에 위치하며 묻혀가고 다들 울음소리로 용기를 주고받는다. 과학자들은 이렇게 서로 돕는 지혜와 독특한 비행기술이 없었다면 매일 수백 킬로를 날면서 해마다 수천 킬로를 이동하는 그 비행에 성공하지 못할 것이라고 한다.

이것이 바로 기러기 리더십인 것이다

최선의 목표를 향해 서로 끊임없이 소통하면서 행동으로 헌신하는 리더인 대장 기러기는 모진 비바람을 가장 많이 받으면서 솔선수범하고 또 무리가 잘 따라오는지, 속도는 적당한지 계속 살펴보고 적당한 시간과 장소에 쉬게 해주기도 한다.

기러기들 세계에서는 잘 되는 질서가 사람의 세계에서는 실천이 어려운 경우가 많다.

어떤 팀이든 리더만 일방통행을 하면 최종목표에 도달할 수가 없다.

리더는 구성원 모두가 함께 하는 동반자라 생각하며 그들의 성장을 도와야 하고 대화를 통해 함께 동행해 가야 한다.

서로 믿고 신뢰하며 기쁨과 고통까지 함께 나누면서 최종목표를 향해 앞서거니 뒤서거니 서로 양보하며 리더를 믿는 '아름다운 동행' 기러기 리더십을 배울 필요가 있다.

Worksheet

1. 기러기 리더십을 학습하면서 자신이 느낀 점을 이야기해 보세요.

2. 어떤 상황에 기러기 리더십이 필요한지 정리해 보세요.

10. 수평 리더십

1) 수평 리더십 개념

일반적인 리더십과 한 단계 높은 리더십을 구별하는 것은 무엇일까? 21세기 리더십의 차원을 한 단계 높이려면, 다른 리더들까지 이끌 수 있어야 한다.

자신과 수평관계에 있는 사람, 즉 동료들을 리드하는 것은 또 다른 어려움이 있다. 유능한 리더라면 동료들을 향한 수평 리더십 발휘가 특히 어려울 수 있다.

수평 리더십을 발휘하는 리더로 성공하려면 동료들이 존경하고 따를 수 있는 사람이 되어야 한다.

Shutterstock

2) 수평 리더십 원칙

(1) 관심 – 타인에게 관심갖기

모든 것은 관심에서 시작된다. 관심을 통해 상대방에게 마음을 쓰고 있다는 사실을 보여주어야 한다. 리더들은 상당히 행동 지향적이며 구체적인 사안에 집중하는 경향이 강하다. 사람에게 충분한 우선순위를 두지 않을 수 있다. 사람에게 관심을 가지도록 노력해야 한다.

(2) 배움 – 타인에 대해 알기

조직 내 동료들과 대화할 시간을 가지고 사람들 각자 강점을 파악하려고 노력하며 각각의 개성을 이해하도록 해야 한다. 일에 대한 의견을 묻고, 가능한 상대방의 입장에서 생각하려 노력해야 한다.

(3) 가치인정—타인을 존경하기

우리는 자신이 좋아하는 능력을 가진 사람을 높이 평가하는 경향이 있다. 타인의 고유한 경험과 능력을 일종의 자원으로 인정하고 존중해야 한다.

(4) 기여—타인의 가치 높여주기

주변 사람들의 가치를 높여주면 리더로서 신뢰성이 높아진다. 타인의 가치를 높이는 데 수고를 아끼지 않는 모습은 사심 없이 남을 돕는 사람으로 인정받을 수 있다.

Shutterstock

타인의 가치를 높일 수 있는지 구체적인 방법을 살펴보자.

- 자신의 것을 나누어라.
- 남의 결점을 보완하라.
- 동료의 성장에 투자하라.
- 기회를 함께 나누어라.

(5) 표현—타인을 지지하고 긍정하기

긍정만큼 사람을 기분 좋게 해주는 것도 없다. 웹스터 영어사전에 따르면, '긍정하다'라는 영어 단어 affirm은 '확인하다'라는 뜻의 'ad firmare'에서 유래했다고 한다. 그러므로 타인을 긍정해 줄 때, 타인의 내면에 있는 것을 확인하는 것이다. 그들 내면에서 자신에 대한 믿음이 강해질 것이다. 기회가 있을 때마다 진심으로 칭찬하라.

Shutterstock

(6) 지도—영향력 행사하기

관심부터 시작하여 여섯 단계를 재빠르게 통과하는 리더가 있는가 하면 상당한 시간이 걸리는 리더도 있다. 천부적인 리더십이 강할수록 기간은 단축될 것이다. 하지만 타인에게 영향력을 행사하는 것이 수평 리더십의 끝은 아니다. 진정한 리더가 되고 싶다면 그들이 성공하도록 도와야 한다.

(7) 성공—함께 성공하기

훌륭한 리더들은 함께 성공할 수 있도록 사람들을 이끈다. 성공한 코치나 사업가는 승리의 경험이 없는 리더에 비해 능력 있는 팀원들을 충원하기가 훨씬 용이하다. 그들이 타인의 꿈을 실현하는 데 도움을 준다는 사실을 알고, 꿈을 가진 사람들이 자발적으로 찾아오기 때문이다.

수평 리더십 사례

현 TBWA KOREA CCO 박웅현의 소통과 리더십

창작인이자 기업인인 박웅현 CCO(Chief Creative Officer)

인문학을 담은 광고로 유명한 박웅현은 창의력의 끝판왕이라 할 수 있는 광고계에서 30년간 광고를 만든 사람이다. 대중에게 익숙한 그의 굵직한 카피는 "그녀의 자전거가 내 가슴속으로 들어왔다", "사람을 향합니다", "진심이 짓는다" 등 과거부터 현재까지 듣는 순간, 대중의 마음을 울리는 힘이 있다. 그는 그 이유를 인문학과 책이라고 하였고, 그의 강연과 교양 독서들을 꾸준하게 엮어 내는 저작자이기도 하다.

진심이 짓는다

이 광고는 광고인 박웅현에게 가장 큰 평판을 만들어 주었는데, 그 탄생 과정에서는 구성원과의 자유로운 소통이 있었다. 아이디어 회의 중 나온 인턴사원의 푸념 섞인 기존 아파트 광고의 문제점을 그냥 지나치지 않은 것이다. 사원의 지적은 아파트에는 유명인이 살지 않고, 집에서는 드레스를 입지도 않으며, 유럽의 멋진 성도 해당 사항이 없다는 것이다.

나를 비롯해 연차와 직급이 쌓이고 쌓인 베테랑 리더들은 사원의 이런 뼈 때리는 지적을 어떻게 받아들였을지 궁금하다. 기존 질서에 순응하는 편이 안정적인 결과, 즉 성과를 보장하는 경우가 많으니까 그 의견을 흘려듣는 수가 많지 않았을까 생각해 보았다. 그런데 박웅현 대표는 기존 아파트 광고의 프레임을 바꾸며 업계 7위였던 고객사의 아파트 브랜드 가치를 광고 2년 만에 2위로 끌어올렸다. 아픈 지적이 새로운 인식의 전환을 가져온 것인데, 나는 인턴사원의 지적을 놓치지 않고 변화한 박웅현의 선택을 강조하고 싶다.

박웅현은 다른 사람의 의견을 흘려보내지 않고, 창조적으로 낚는 그의 비결을 낚시터에 가는 도공에 비유한다. 낚시터의 물은 흐르고 물고기도 있지만, 낚시에 성공하는 사람과 그렇지 못한 사람이 있듯 회의실에서 흘러가는 수많은 말 중, 아이디어로 낚는 사람은 따로 있다는 뜻이다. 농담, 푸념, 혼잣말도 아이디어로 낚는 힘, 그것이 바로 리더의 힘이다.

또 그러한 말의 향연이라도 벌어지기 위해서는 아무 말이나 해도 되는 회의실의 소통이 전제되어야 한다. 회의실의 어색함이 현실이라면 자유로운 토론은 이상이 아니었을지, 리더의 듣는 힘을 강조한 그는 '페덱스' 광고를 사례로 들었다.

책에서 아이디어는 벽돌이 아니라 "씨앗"이라고 하였다. 잘 잡으면 싹이 나고 잎이 자라

열매를 맺지만 밟으면 죽게 되는 것이다. 리더는 구성원이 자유롭게 소통할 수 있도록 잘 듣고 있어야 한다. 의제를 설정하고 회의를 주도하는 것과는 별개로 잘 듣고, 사석에서는 공감 능력을 보여야 한다는 결론이다. 회의실과 사석에서 우리는 어떤 리더인지, 어떤 리더가 될 것인지 생각해 보자.

자료: 박웅현, 『책은 도끼다』, 북하우스, 2016.

11. 팔로워십과 리더십

1) 팔로워십의 개념

팔로워십(followership)은 어떤 개인이 자신이 속한 조직, 팀, 무리에서 맡은 역할을 뜻한다. 다른 뜻으로 한 개인이 지도자를 능동적으로 따르는 능력을 말하기도 하며 리더십에 대응하는 사회적 상호작용 과정으로 볼 수 있다(위키백과).

Gettyimages

팔로워십은 부하직원이 리더를 선택하고 따르는 자발적인 존중 과정으로 설명할 수 있다(atshoba-Ramuedzisi, de Jongh, & Fourie, 2022).

리더십을 보다 잘 이해하기 위해서 팔로워십을 연구하는 것은 필수적이다. 이는 어떤 무리, 조직, 팀의 성공과 실패는 리더가 부하를 잘 이끄냐만이 아니라 부하가 리더를 얼마나 잘 따르냐에도 관련이 있다는 의미이다. 지금까지 살펴본 리더십 연구의 핵심주제는 바로 리더였다. 조직의 성과에 리더가 핵심적인 역할을 한다고 인식하고 있었기 때문이다. 그러나 실제 조직에서는 대다수의 팔로워들의 역할이 조직의 성과에 직접 기여하고 있다.

로버트 켈리 교수에 의하면 "조직의 성과는 20%의 리더가 아니라 그 리더를 따르는 80%의 팔로워들이 조직의 운명을 결정하는 변화의 시대"라며 팔로워십의 중요성을 강조하였다. 팔로워의 의미는 본래 '돕다, 후원하다, 공헌하다.'라는 뜻의 옛 독일어 Follaziohan에서 유래되었다고 한다. 이에 대응하는 'Leader'라는 말의 옛 독일어는 '참다', '고통받다', '견디다' 라는 의미를 갖는다. 따라서 어원으로 풀이를 한다면 팔로워는 '남의 도움을 필요로 하는 리더를 돕는 존재'를 뜻하므로 두 단어 사이의 관계는 동등한 개념이다. 지배와 복종보다는 리더와 팔로워의 상호관계를 통하여 팀이나 조직이 문제점들을 잘 해결할 수 있어야 한다.

Gettyimages

2) 리더와 팔로워의 상호관계

(1) 리더와 구성원은 서 있는 지점이 달라서 보는 시각도 다르다

상호 간의 서 있는 시점이 달라 바라보는 시각도 다를 수밖에 없다.

(2) 리더 입장에 서면 팔로워로서 시각이 보인다

리더의 가치관과 팔로워의 가치관이 다르면 갈등이 생길 수 있다. 서로의 가치관을 인정하고 함께 하면 문제가 해결될 수 있다.

(3) 굿(good) 팔로워십은 리더십을 빛나게 만든다

카네기 멜론대학의 로버트 켈리 교수는 "좋은 팔로워십을 발휘하려면 독립적이고 비판적인 사고와 적극성이 필요하다"라고 말했다.

3) 팔로워의 네 가지 유형

(1) 팔로워십 모델

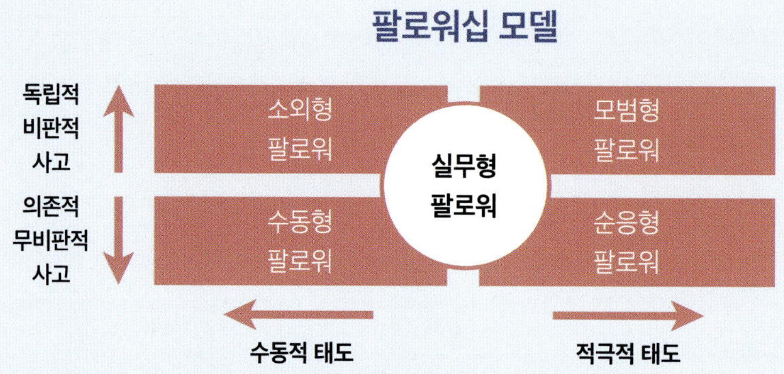

출처: 박종진, 손병기, 『49가지 품성에 기초한 성품리더십 계발』, 동문사, 2021.

① 모범형 팔로워: 독립적이고 비판적인 사고와 적극성을 모두 갖춘 팔로워로, 리더에게 든든한 지원군이 되고 성과를 냄

② 소외형 팔로워: 비판적 사고는 발달했는데 적극적으로 일하지 않음

③ 순응형 팔로워: 적극적으로 일만 하며 독립적 사고가 부족함

④ 수동형 팔로워: 둘 다 부족함

위 네 가지 유형에서는 모범형 팔로워가 이상적인 유형이다.
굿 팔로워십은 리더십을 빛나게 만들어 준다.

(2) 제3의 법칙

동조현상(일정한 기간 내에 사회의 상당수의 사람이 그들의 취미, 기호, 사고방식과 행동 양식 등에서 의식적, 무의식적으로 전염되는 것을 말한다)을 나타내는 심리학 용어로 '제3의 법칙'이라는 게 있다. 제3의 법칙은 한두 명이 어떤 행동을 하면 아무도 관심이 없다가 3명 이상이 같은 행동을 하면 다른 사람들도 따라하는 현상을 말한다. 이처럼 처음에 누군가 특이한 행동을 하면 사람들은 무관심하지만, 두 번째, 세 번째 동조자가 나타나면 상황이 달라진다. 하나의 집단 움직임으로 형성되기 시작하면서 동조자들이 늘어나고, 무리가 커질수록 그에 속하지 않는 것이 이상해져서 하나의 주류가 만들어지는 것이다.

아무리 훌륭한 리더라도 따르는 팔로워가 없으면 어려운 상황에 직면하게 된다. 훌륭한 리더를 만드는 것은 두 번째 세 번째 동조자, 즉 초기의 팔로워다. 리더를 따를 수 있는 용기 있는 행동이 바로 굿 팔로워십이다.

▶ 제3의 법칙.

Gettyimages

4) 굿(good) 팔로워십을 키우는 방법

굿 팔로워들은 리더에게 새로운 아이디어를 주고, 결정된 내용을 적극적으로 따르며 신뢰를 얻는다. 신뢰를 얻는 만큼 팔로워의 영향력도 커진다.

굿 팔로워들에게는 공통적인 덕목이 있다. 리더와의 시각 차이를 인정하고 자기 주관대로 리더를 평가하고 해석하지 않는다. 이상적인 리더의 모습을 그려놓고 비판하기보다는 현실적인 기준으로 리더를 바라본다. 리더의 자원이 되어주고 리더의 성공을 돕는다. 조직은 굿 팔로워십을 개인에게만 맡겨둬서는 안 되고 조직 차원에서 굿 팔로워십을 키우는 노력을 해야 한다.

로버트 켈리 교수가 팔로워 유형별로 조직이 해야 할 일을 제시한 것을 보면 다음과 같다.

- 팔로워십의 중요성을 먼저 인식시키고 구성원에게 팔로워십 교육을 강화해야 한다.
- 불평만 하는 소외형 팔로워들은 먼저 그들을 인정해주고 긍정적인 사고를 할 수 있도록 도와야 한다. 그들은 조직이 불공정하고 자신을 제대로 대우하지 않는다고 생각한다. 이들의 잠재력을 이끌어내면 조직에 큰 힘이 될 수 있다.
- 시키는 대로 따르기만 하는 순응형에겐 작은 일이라도 스스로 알아서 하도록 권한을 위임하고 적극적으로

인정해줘야 한다. 이들에게는 차분히 가르치는 교사 같은 리더가 필요하며 계속 격려를 해주어야 한다.

- 특징이 보이지 않는 일반 구성원들은 주인의식을 높여줘야 한다. 업무를 과감하게 위임해 책임 의식을 갖게 하고, 선후배 동료들의 성공을 지원하는 역할을 맡겨 협동 의식을 키울 필요가 있다. 구성원들에게 도전하는 기회를 주는 것이 필요하다.
- 리더의 결정을 적극적으로 수용하고 따르는 조직 문화를 만들어야 한다. 굿 팔로워십에 대한 사례를 찾고 조직에 전파해야 한다.

5) 유능한 팔로워를 얻기 위한 리더십 기술

(1) 감동을 줄 것

사람을 움직이는 것은 감동이고 감동의 힘은 사랑이다. 구성원들이 감동을 받을 때 진정으로 따르고 움직인다.

리더는 팔로워에게 섬김과 사랑을 통한 감동, 희생을 통한 감동, 열정을 통한 감동, 무한한 책임감과 헌신감을 통해 감동을 줄 수 있어야 한다.

Gettyimages

(2) 권한과 책임을 부여할 것

구성원에게 보다 많은 권한과 책임을 부여할 경우 구성원들은 보다 더 능동적인 참여의식과 주인의식을 갖게 되어 조직을 위해 헌신하고자 하는 마음을 갖게 된다.

(3) 구성원들 모두가 리더가 될 수 있게 대할 것

구성원들 모두가 장래에 조직의 리더가 될 수 있다고 격려하고 동기를 부여할 경우 구성원들은 올바른 팔로워십을 발휘하게 될 것이다.

(4) 구성원들을 신뢰할 것

리더가 구성원에게 무한한 신뢰를 보일 때 부하는 리더에게 모든 것을 바치게 되고 주인의식과 책임의식을 가지게 된다.

(5) 따르는 기술을 잘 다듬어 줄 것

리더는 구성원들에게 올바르게 따르는 방법에 대한 노하우를 알려주고 가르쳐 주어야 한다. 무작정 하라는 대로 따라만 하는 구성원들이나 아무리 능력이 있더라도 자기 마음대로 하는 구성원들로만 가득 찬 조직은 성공할 수 없다.

(6) 능력에 따른 대우와 적절한 피드백을 해줄 것

능력에 따라 대우하고 업무성과에 따른 적절한 피드백을 해주어야 한다. 적절한 보상과 함께 구성원의 권리와 독창성을 인정해 주고, 항상 의사소통할 수 있도록 하여야 한다.

(7) 역지사지의 마음으로 구성원을 이해할 것

구성원의 행위를 무작정 꾸중하기에 앞서 구성원의 입장에서 생각해 보고 자신의 모습을 먼저 뒤돌아보는 자세를 가져야 한다.

(8) 즐겁게 일할 수 있는 조직문화를 만들 것

구성원들이 신나서 일할 수 있는 조직문화를 마련해야 한다.

Gettyimages

올바른 팔로워십을 이끌어낼 수 있는 리더의 방법

- 감동을 주는 리더
- 구성원에게 권한과 책임 부여
- 구성원 모두 리더가 될 수 있도록 협력
- 구성원을 신뢰
- 능력에 따른 대우와 적절한 피드백
- 역지사지의 마음으로 구성원을 이해
- 즐겁게 일할 수 있는 조직문화 조성

유능한 팔로워가 갖추어야 할 소양

- 헌신
- 전문성
- 용기
- 리더의 장점을 인정하고 격려해 줄 수 있는 능력
- 역지사지의 마음으로 타인을 이해하는 능력
- 확실한 대안을 제시할 수 있는 능력
- 조직 목표와 자신의 목표를 동일시할 수 있는 능력

Gettyimages

제3부

글로벌 리더를 위한 리더십 역량 개발

Shutterstock

제4장

리더에게 요구되는 능력

1. 리더에게 요구되는 능력

1) 비전 창조력

주어진 것을 처리하는 것이 아니라 스스로가 비전을 창조하고, 실천해 보이는 것이 필요하다. 비전(vision)이란 내다보이는 미래의 상황이다.

비전은 자신의 존재 이유를 의미하며 궁극적으로 성취하고자 하는 목표를 말한다. 비전이 명확할 때 사람들은 내적 동기를 가지게 되고 그 일에 적극적으로 참여하게 되며 어려움이 닥쳐도 꿈과 비전을 위해 역경을 이겨내게 하는 잠재된 힘을 갖게 된다.

Shutterstock

[비전의 3대 핵심]

- 의미 있는 목적
- 뚜렷한 가치
- 실현 가능하고 사회에 기여하는 일

비전 명언 사례

- 21세기 문맹자는 글을 읽을 줄 모르는 자가 아니다. 학습하고 교정하고 재학습하는 능력이 없는 사람이다. **- 앨빈 토플러**
- 개인용 컴퓨터를 전 세계 가정에 보급하여 컴퓨터 업계의 제왕이 되겠다. **- 빌 게이츠**
- 물을 이긴다. **- 코카콜라의 비전**
- 부자 아닌 모든 평범한 사람에게 자동차를 타게 하겠다. **- 헨리 포드**
- 한 번도 실수하지 않은 사람은 한 번도 새로운 것을 시도해 본 적이 없는 사람이다. **- 아인슈타인**
- 사람들은 맹인으로 태어난 것보다 더 불행한 것이 뭐냐고 나에게 묻는다. 그럴 때마다 나는 "시력은 있되 비전이 없는 것"이라고 대답한다. **- 헬렌 켈러**

flickr Mark Mathosian

▶ [스티브 잡스의 명언] "비전이 당신을 끌어당길 테니까요."

나의 비전 선언문을 만들어 볼까요?

나의 비전 선언문

이름:

작성일자:

나의 비전 (가능한 한 문장으로 압축 표현)

비전 달성을 위한 행동계획

1.

2.

3.

4.

5.

2) 일에 대한 자신감과 달성을 추구할 수 있는 힘

이 자신감은 스스로 문제를 발견하고 대처해 성과를 만들어 내는 문제 발견, 문제 해결의 사이클을 반복함으로써 개발된다.

3) 솔선수범, 통솔력

납득하고 구성원이 따라 올 수 있는 솔선수범과 통솔력이 요구된다.

4) 소통 능력

자신의 의사를 확실하게 주장하고 주위를 납득시킬 수 있는 설득력, 사람들을 설득하려면 삶의 모범을 보여주어야 한다.

아리스토텔레스는 『수사학』에서 설득과 논증의 중요한 세 가지 요소를 설명하였다.

(1) **설득의 지적인 영역인 '로고스(logos)'**
(2) **정서적, 개인적 영역인 '파토스(pathos)'**
(3) **사회, 윤리적인 영역인 '에토스(ethos)'**

설득의 3요소

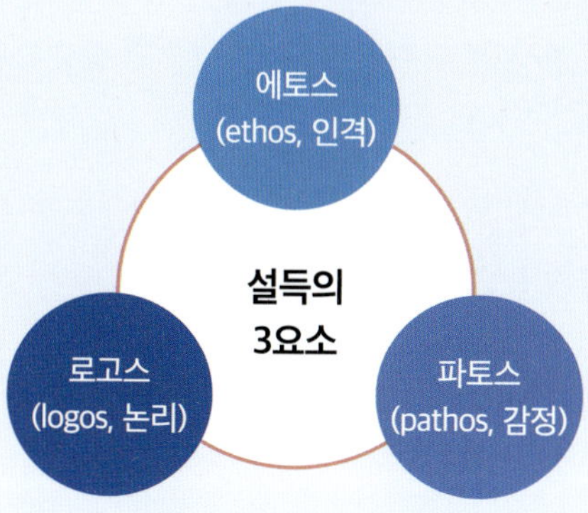

Museo nazionale romano di palazzo Altemps

▶ 아리스토텔레스(Aristotelés).

대부분의 청중은 논리적인 논증 즉, '로고스'에 마음이 움직인다고 한다. 그러나 사람들은 의미 있고 새로운 시각을 받아들이고 설득하는 데는 '로고스' 만으로는 충분하지 않다는 사실을 알고 있었다. '파토스'는 우리의 내적 자아, 우리의 정서적 심미적 욕구에 직접 호소하는 메시지이다. '에토스'는 통합성, 진실성과 신뢰성을 전달하는 능력이다. 사람들이 인지하고 있는 설득자의 성품은 설득력의 가장 중요한 요소이다. 아리스토텔레스의 체계에서는 이것이 '에토스'이다.*

설득의 핵심 요인은

① 메시지를 준비한다.

내가 할 말을 사람들이 잘 들을 수 있는 시간과 장소를 선택하고 적절한 행동과 더불어 온화하게 말한다.

② 증거를 제시한다.

타인이 이해할 수 있도록 정확한 증거와 논리를 제시한다.

③ 예화를 들어 말한다.

④ 타인에게 행동할 수 있도록 동기부여를 한다.

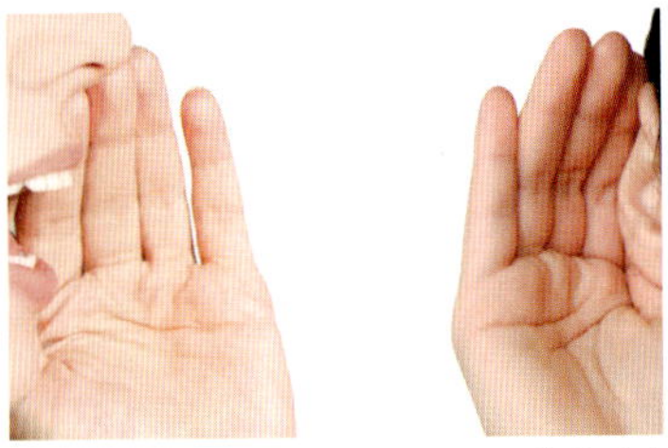

Shutterstock

5) 확장된 시야와 지식의 확대

함께 생각하고, 함께 이해하는 지원적 자세를 가지면서 넓은 시야로 세상의 움직임에 대한 최신 정보를 갖고 구성원들을 대한다.

6) 체력

목적지향형 리더는 정형화된 일에 만족하지 않고 항상 새로운 가치를 창조한다. 집중력과 지구력을 키우는 것이 필요하다.

7) 긍정적인 사고와 겸허함, 책임, 일관성 등

모든 행동의 근원은 긍정적인 면을 강조하고 수렴하는 것에 있으며 일에 대한 책임이나 일관성을 통해 신뢰감을 형성하고 지속적으로 유지하는 것이 필요하다.

---

* 존 딕슨, 『후밀리타스(위대한 리더십의 완성)』, 포이에마, 2013.

Worksheet

1. 그 동안 살아오면서 타인을 설득해 본 경험이 있는지, 경험이 있다면 어떻게 설득하였는지 설명해 보세요.

2. 그 동안 타인에게 설득 당한 경험이 있다면 어떻게 설득 당했는지를 설명해 보세요.

2. 잠재된 리더십을 깨워라

자신의 리더십 스타일을 최대한 계발시키려면 당신이 추구하는 최고의 성과를 마음속에 그리면서 끊임없이 당신의 발목을 붙드는 '침체 요인'들을 극복해 내야만 한다.

먼저

- 자신을 관리하라
- 자부심을 가져라.
- 순간에 몰두하라.
- 과감히 결정하라.
- 좌절을 긍정적으로 맞이하라.
- 자신을 인식하라.
- 삶의 균형을 맞추어라.

3. 명품 리더에겐 빛나는 유머가 있다

때와 장소에 따라 거기에 알맞은 재치 있고 재미 있는 유머와 위트를 말하여 웃다 보면 생기가 돋고 흥미로운 만남이 된다. 한편으로 듣는 사람은 웃다 보면 말하는 사람에 대해 친근감을 느끼게 되며 매력까지 느끼게 된다. 유머는 사람을 웃게 만든다. 유머의 위력에 대해서 살펴보자.

(1) 유머는 마음의 벽을 허문다

관계에서 거리감을 없애주고 밝은 분위기를 조성해서 친밀하게 하는 등 인간관계를 좋게 한다. 웃다 보면 '공감'이라는 것을 느끼며 서로 마음의 벽을 여는 계기가 된다.

(2) 유머는 설득이 쉽다

유머를 사례로 적절히 들어 설득한다면, 논리적 설득보다 상대를 쉽게 설득시킬 수 있다. 유머에는 최소한 풍자와 같은 비판적 요소가 들어 있어 잘못을 시정하는 데 참고가 된다.

(3) 유머는 대화 내용을 잘 기억하게 한다

흥미를 가지고 듣는 사람으로 하여금 이야기에 몰입할 수 있고 지루하지 않게 하며 오랫동안 머릿속에 기억하게 만든다.

(4) 유머는 새로운 생각을 떠올리게 한다

첨예하게 의견이 대립되는 협상이나 논쟁의 경우에 유머는 숨 막히는 분위기를 반전시켜, 해결책을 모색할 수 있는 분위기로 전환시킬 수 있다.

비즈니스 협상이나 국가의 외교 협상의 경우에는 언제나 가벼운 웃음을 주고받으며 시작하는 것이 하나의 관례가 되어 있으며, 유능한 협상가라면 유머를 잘 구사하는 것으로 정평이 나 있다. 현대그룹의 창업자이자 명예회장인 고(故) 정주영 회장의 사례를 살펴보자.

사례

현대그룹의 창업자이자 명예회장인 고(故) 정주영 회장

1970년대 초 어느 날, 청와대에 정주영은 박정희 대통령과 함께 앉아 있었다. 무거운 침묵이 오래 동안 흘렀다. 박 대통령이 담배를 하나 피워 물고 정주영에게도 하나를 권했다. 정주영은 원래 담배를 피우지 않았다. '배도 안 부르는 담배를 왜 피우느냐'고 생각한 '근검절약하는' 그였지만, 그날은 '담배를 피우지 않는다.'고 말할 분위기가 아니었다. 박 대통령은 정주영에게 크게 화를 냈기 때문이다. 정주영은 박 대통령이 불을 붙여준 담배를 뻐끔뻐끔 피웠다.

박 대통령이 입을 열었다. "한 나라의 대통령과 경제 총수 부총리가 적극 지원하겠다는데, 그거 하나 못하겠다고 여기서 체념하고 포기해요? 어떻게 하든 해내야지. 그저 한번 해보고는 안 되니까 못하겠다니 그런 게 있을 수 있소?"

정주영도 1960년대 말 조선소를 한번 해보고 싶다는 생각을 했다. 그러나 그건 몇 년쯤 뒤였다. 하지만 대통령은 그에게 압박 아닌 압박을 하는 것이었다. 이유는 있었다. 포항제철이 완성되는 시기였다. 포항제철에서 생산하는 철을 대량으로 소비할 산업이 필요했다. 당시 김학렬 경제부총리는 정주영에게 조선 사업을 권유했다. 정주영은 삼성 이병철에게 거절당한 뒤 자신에게 튕겨왔다는 얘기도 들었다.

결국 정주영은 결심한다. "그래 한 번 해보는 거야. 못할 것도 없지. 그까짓 철판으로 만든 큰 덩치의 탱크가 바다에 떠 동력으로 달리는 게 배지, 뭐. 배가 별거냐."

어렵고 힘든 일을 부딪치면 쉽고 단순하게 생각하는 정주영의 주특기가 발휘된다. 정주영은 조선업자로 조선소 건설을 생각한 게 아니라 건설업자로서 조선소 건설을 생각했다. 배를 큰 탱크로 생각하고 정유공장 세울 때처럼 도면대로 철판을 잘라서 용접을 하면 되고, 배의 내부 기계는 건물에 장치를 설계대로 앉히듯이 도면대로 제자리에 설치하면 된다고 여긴 것이다.

당시 우리나라는 조선소를 지을만한 돈이 없었다. 대형 조선소를 지으려면 차관을 들여

와야 했다. 정주영도 나름 이곳저곳 뛰어다녔다. 일본에도 가고 미국에도 갔다. 그렇지만 아무도 정주영을 상대해주지 않았다. 미친놈 취급을 받았다. "너희 같은 후진국에서 무슨 몇 십만 톤의 조선소를 지을 수 있냐?"는 식이었다.

그리고 정주영의 모험은 시작된다. 3번에 걸친 관문을 뛰어넘어야 했다.

당장 필요한 건, 돈이었다. 일본과 미국에서 외면을 당한 정주영은 영국 은행의 문을 두드렸다. 영국 은행 버클레이즈와 협상을 벌였으나, 특별한 반응이 없었다. 돈을 빌리기 위해선 영국식 사업계획서와 추천서가 필요했다.

정주영은 1971년 영국 선박 컨설턴트 기업인 A&P 애플도어에 사업계획서와 추천서를 의뢰했다. 타당성 있는 사업계획서와 추천서가 있어야 은행에서 돈을 빌릴 수 있었기 때문이다.

정주영은 차관 도입이라는 난제와 승부를 내기 위해 런던으로 날아갔다. 정주영에게는 조선소를 지을 울산 미포만의 소나무가 서 있는 황량한 모래사장을 찍은 흑백 사진이 전부였다.

그는 A&P 애플도어의 찰스 롱바톰 회장을 만났다. 롱바톰 회장 역시 상황이 호락호락하지 않다고 말했다. "아직 배를 사려는 사람도 나타나지 않고 한국의 상환능력과 잠재력도 믿음직스럽지 않아 힘들 것 같다."

정주영은 문득 바지 주머니에 들어 있는 500원짜리 지폐가 생각이 났다. 지폐 그림은 바로 거북선이었다. 주머니에서 꺼내 거북선 그림의 지폐를 테이블에 펴놓았다.

"이걸 보세요. 우리의 거북선이오. 당신네 영국의 조선 역사는 1800년대부터라고 알고 있소. 하지만 우리는 벌써 1500년대에 이런 철갑선을 만들어 일본을 혼낸 민족이오. 우리가 당신네보다 300년이나 조선 역사가 앞서 있었소. 산업화가 늦어져 국민의 능력과 아이디어가 녹슬었을 뿐 우리의 잠재력은 고스란히 그대로 있소."

▶ 1966년 8월 16일 한국조폐공사에서 발행한 500원 권 지폐. (출처 : 화폐박물관)

롱바톰 회장은 미소를 지어 보였다. 그리고 현대건설이 고리 원자력 발전소를 시공하고 있고 발전계통이나 정유공장 건설에 풍부한 경험도 있어 대형 조선소를 지어 큰 배를 만들 능력이 충분하다는 추천서를 버클레이즈 은행에 보내주었다.

첫 번째 관문의 통과였다

며칠 안 되어서 버클레이즈 은행의 해외 담당 부총재가 점심을 하자는 연락이 왔다. 점심 약속 하루 전 정주영은 호텔에서 초조와 불안 속에서 시간을 보내는 것보다 만사 제쳐놓고 관광이나 하는 게 나을 것 같았다. 그는 현대건설 사람들과 셰익스피어 생가와 옥스퍼드대를 둘러보고, 낙조 무렵에는 윈저궁을 보았다.

이튿날, 정주영은 우아한 은행의 중역 식당으로 안내됐다. 자리에 앉자마자 버클레이즈 은행의 해외담당 부총재가 물었다.

"정 회장의 전공은 경영학입니까? 공학입니까?"

소학교만을 졸업한 정주영은 짧은 순간 아찔했다. 그러나 태연하게 되물었다.

"우리가 당신네 은행에 낸 사업계획서를 보았습니까?" "봤습니다."

정주영은 순간적으로 전날 관광하다가 옥스퍼드대 졸업식을 본 생각이 났다.

"어제 내가 그 사업계획서를 들고 옥스퍼드대에 갔더니, 한 번 척 들쳐보고 바로 그 자리에서 경영학 박사 학위를 주더군요."

정주영은 구질구질하게 자신이 학력을 짧지만 사업경험은 누구보다 많다고 말하지 않았다. 오히려 그의 배포를 보여주는 유머를 내던졌다.

부총재가 껄껄 웃으면서 말했다.

"옥스퍼드대 경영학 박사 학위를 가진 사람도 그런 사업계획서는 못 만들 거요. 당신은 그들보다 훌륭합니다. 당신의 전공은 유머 같소. 우리 은행은 당신의 유머와 함께 당신의 사업계획서를 수출 보증국으로 보내겠소. 행운을 빌겠소."

물론 정주영의 유머 한 마디가 차관을 이끌어낸 건 아니다. 부총재가 정주영을 만나자고 한 건, 자신들이 빌려줄 돈으로 조선소를 만들려는 CEO의 됨됨이를 보기 위해서였다.

부총재는 그런 식의 만만한 자신감을 갖고 있는 CEO라면 대출을 해도 될 것이라고 최종적으로 확인한 것이다. 정주영이 은행 쪽으로부터 오케이 사인을 받은 건, 치밀한 준비가 있었기 때문이다. 실제로 현대건설은 치밀한 사업계획서를 만들었고, 그 치밀함을 인정한 은행이 대출을 해주기로 결정한 것이었다. 은행 쪽은 관계자들을 우리나라에 보내 현대가 건설한 화력 발전소, 비료 공장, 시멘트 공장을 치밀하게 조사했다.

두 번째 관문의 통과였다

그러나 마지막 관문이 남아 있었다. 결과적으로 보면 가장 어렵고 힘든 관문이었다.
현대건설은 마지막 심사를 받아야 했다. 영국은행이 외국에 차관을 주려면 영국 수출신용 보증국(ECGD)의 보증을 받아야 했다. 수출신용 보증국 총재는 배를 살 사람의 계약서를 갖고 와야 승인해 줄 수 있다고 했다.

"만약 당신네한테 배를 주문할 사람이 없으면 어떻게 되는 거요? 내가 배를 살 사람이라면, 작은 배도 아니고, 4~5천 달러짜리 배를 세계 유수의 조선소들을 다 제치고 선박 건조 경험도 전혀 없는 당신네 배를 사지는 않을 거요. 당신네가 배를 만들 수 있다 해도 사주는 사람이 없으면 어떻게 원리금을 갚을 거요? 그러니까 배를 살 사람이 있다는 확실한 증명을 내놓지 않는 이상 나는 이 차관을 승인할 수 없소."

정확한 지적이었다. 당시 우리나라는 너무나 가난한 나라였다. 그런 가난한 나라에서 배를 만든다는 건, 불가능해 보였다. 배를 만든다고 해서 그 배를 믿고 사갈 사람은 없어보였다. 정주영은 울산 미포만의 황량한 바닷가의 사진을 꺼내 보았다. 자신처럼 정신 나간 사람을 찾아야 했다. 그날부터 존재하지도 않는 조선소에서 만들 배를 사줄 선주를 찾아 나섰다.

"당신이 이런 배를 사준다고만 하면 내가 영국에서 돈을 빌려 이 백사장에 조선소를 짓

Shutterstock

고 배를 만들어주겠다." 미친 사람 취급당하기 딱 좋은 말이었다.

그런데 그런 정신 나간 사람이 있었다. 선박왕 오나시스의 처남이었던 그리스의 리바노스였다. 리바노스가 미포만 백사장 사진만 보고 계약했다. 리바노스는 파격적으로 정주영과 계약을 맺었다. 하지만 정주영 역시 그에게 파격적인 조건을 내걸었다.

"틀림없이 좋은 배를 만들어 주겠다. 배 값을 싸게 해주겠다. 만약 약속을 못 지키면 계약금에 이자를 얹어주겠다. 계약금은 조금만 받겠다. 우리가 배를 만드는 진척상황을 봐서 조금씩 배값을 내라. 우리가 만든 배에 하자가 있으면 인수를 안 해도 좋고 원금은 다 돌려주겠다."

정주영은 리바노스가 보낸 자가용 비행기를 타고 스위스에 있는 그 사람의 별장에 가서 유조선 2척을 주문받았다. 마지막 관문을 넘어선 것이다.

출처: 정주영, 『이 땅에 태어나서』, 솔, 2015.

4. 유쾌한 리더가 성공한다

리더와 리더십, 그리고 유머의 관계에 대해 결론을 내리면 21세기에 강조되어야 할 새로운 리더론, 그건 바로 '유쾌한 리더가 성공한다.'는 것이다.

Gettyimages

세계에서 가장 유머 감각이 뛰어난 민족으로 흔히 유태인을 꼽는다. 수천 년 간 혹독한 시련을 겪으면서 고통을 능동적으로 극복하려고 노력해 온 결과이다. 오늘날 유태인들이 발휘하는 남다른 저력은 괴로울수록 울음 대신 웃음을 선택했던 그들의 지혜와 유머감각에서 비롯된 것이 아닐까 생각한다.

리더에게 유머는 엄숙하고 딱딱한 분위기에 활력과 경쾌함을 불어넣으려는 의지와 실천이다. 미국의 한 경영연구원 연구보고서에 따르면 최고경영자라는 리더는 경영능력은 물론이고 간부-조직원 간 소통 기법도 함께 보유한 경우에 직무 만족과 그룹의 결속력을 다짐으로써 더욱 성공할 수 있다고 한다.

리더들은 연설이나 강연을 할 때, 또는 사석에서 대화 분위기를 부드럽게 만들기 위해 유머로 상대를 편하게 하고 거리감을 없애주며 친근하다는 이미지를 심어준다.

그리고 순간을 포착하여 위트로서 감탄을 유발케 하여 구성원들을 내 사람으로 만드는 마력을 발휘하기도 한다.

특히 정치인들은 대중과 접할 기회가 있으면, 유머를 구사하면서 대중에게 친근한 이미지를 주려고 고심하고 있다.

유머

한번은 백악관 집무실에서 케네디 대통령이 측근 보좌관들과 환담을 나누고 있었다.
대통령의 동생인 로버트 케네디 법무장관이 백악관에서 가장 영향력이 있는 사람이라고 보도한 어떤 시사주간지를 보면서 대통령과 보좌관들이 웃고 있을 때 마침 케네디 법무장관으로부터 전화가 왔다고 비서가 인터폰으로 알려주었다.
전화기를 든 케네디 대통령은 정색을 하고 "여보세요? 나는 백악관에서 두 번째로 영향력이 있는 사람입니다." 라고 말해서 보좌관들의 폭소를 자아냈다.

기업체의 리더도 기업의 이미지 관리를 위해 고객에게 인간미 넘치는 면을 보여주려고 연출하고 있다.

유머

한 회사의 부장과 말단 사원들이 노래방에 갔다. 술에 만취한 부장이 갑자기 일어서더니 옅은 미소를 지으며 사원들에게 말했다.
"혹시 전자공학과 나온 사람 있나? 아니면 기계공학과라도"
어쩐지 좋은 일이 생길 것 같은 분위기에 산업공학과를 나온 K씨가 손을 들었다. 전자공학과를 나온 입사동기 L씨도 번쩍 손을 들었다.
"그래. 자네하고 자네 이리 나오게."
포상금이라도 줄 것처럼 표정을 짓던 부장은 두 사람에게 말했다.
"자네들, 여기서 있다가 노래방기계 번호 좀 찍게."

리더가 유머리스트가 되면 그가 이끄는 조직에도 유머스런 분위기가 된다. 단순히 우스운 얘기가 아니라 유머의 심성과 사고방식과 유머감각이 퍼진다. 대통령이 유머를 즐기면 국민 전체가 유머를 활용하게 되고 리더가 유머감각을 갖고 있으면 구성원들도 역시 차츰 거기에 익숙해지게 되는 것이다.

Shutterstock

의사나 심리학자들이 강조하는 바와 같이, 유머와 웃음은 인간의 사고와 행동을 긍정적으로 바꿔주기 때문이다.

유쾌한 사람은 생산적인 노동력을 만들어내고 시무룩하거나 심각한 사람은 비생산적인 노동력을 만들어낸다는 것이다. 그 밖에도 자신감, 독창성, 호연성, 유연성, 진지함 등 많은 특징들이 앞에서 설명한 유머리스트의 마인드와 일치하고 있다.

유머센스는 소통을 하는 동안에 마음의 여유를 가지고 그 상황과 서로 말하는 내용에 대한 해석에서 기지를 발휘하여 유머 펀치를 실감나게 표현하는 능력이라고 할 수 있다.

1) 웅변을 대신하는 리더의 유머

리더에게는 자신의 생각을 정확히 표현하는 능력이 필요하다. 현대의 과학 기술이 엄청난 분량의 데이터를 작은 반도체나 CD에 담아내듯이 유능한 리더는 자기가 하고자 하는 무수한 말들을 간결하게 요약해서 표현할 수 있어야 한다. 그럴 때 가장 큰 위력을 발휘하는 것은 다름 아닌 유머다.

2) 반전을 이끌어내는 리더의 유머

리더는 많은 사람들을 이끄는 위치에 있는 만큼 공격이나 비난을 받는 경우도 많다. 그런 상황에서 자제력을 잃고 흥분하는 모습을 보이면 리더로서의 권위는 결정적으로 손상받게 된다. 유능한 리더가 되려면 어떤 상황에 직면하더라도 결코 흔들리지 않고 그것을 반전시킬 수 있는 능력을 갖춰야 한다. 이때 유머를 활용하면 직접적인 대응보다 훨씬 탁월한 효과를 발휘할 수 있다.

사례

링컨의 유머 1

Mead Art Museum wikimedia

▶ 에이브러햄 링컨(Abraham Lincoln).

링컨은 미국 정치사상 손꼽히는 추남이다. 삐쩍 마른 몸에 껑충한 키, 그리고 못생긴 얼굴, 그의 턱수염이 어느 초등학생의 충고에 따른 '얼굴 위장술' 이었음은 유명한 일화로 남아 있다. 하지만 경쟁자들이 끊임없이 그의 외모에 대해 시비를 걸었음에도 불구하고 그는 화를 내기는커녕 오히려 스스로 자기의 외모를 유머의 소재로 활용하곤 했다. 못생긴 얼굴을 내세워 '나는 이중인격자가 아니다.'라고 말하며 "내가 정말 두 얼굴을 가졌다면 이 중요한 자리에 왜 하필이면 못생긴 얼굴을 가지고 나왔겠습니까?"라고 맞받아치는 링컨 앞에서 야당의원은 아마 더 이상 공격할 말을 찾기가 어려웠을 것이고 링컨의 유머 덕분에 모든 사람들의 호감을 얻을 수 있었을 것이다.

링컨의 유머 2

백악관의 일요일 아침, 링컨은 자기의 구두를 닦고 있었다. 마침 방문한 친구가 깜짝 놀라며 물었다.

"아니, 미합중국의 대통령이 손수 구두를 닦다니 이래도 되는 건가?"

그러자 링컨은 깜짝 놀라면서 이렇게 답했다. "아니, 그러면 미합중국의 대통령이 남의 구두를 닦으러 온 거리를 헤매야 한다는 말인가?"

자료: 김진배, 『웃기는 리더가 성공한다』, 뜨인돌출판사, 1999.

Gettyimages

3) 희망을 주는 리더의 유머

리더의 가장 큰 임무는 사람들에게 비전을 제시하는 일이다. 쉽게 절망하고 쉽게 포기하는 사람은 아무리 뛰어난 능력이 있더라도 유능한 리더가 될 수 없다.

피터 버거에 의하면, 유머에는 '초월효과'라는 것이 있다. 유머를 말하거나 듣는 순간에, 다시 말하면 유쾌한 웃음을 터뜨리는 순간에 인간의 내면에서는 용기와 기쁨과 일체감이 생겨나면서 모든 근심과 걱정을 떨쳐버릴 수 있다는 것이다.

똑같이 절망적인 상황에 처해 있어도 유머리스트는 그걸 극복하는 능력이 남들보다 훨씬 더 강하다는 얘기다. 그런 능력은 리더에게 더욱 중요하다. 리더의 절망은 개인의 절망이 아니라 그가 이끄는 조직 전체의 절망으로 이어지기 때문이다. 유능한 리더는 사람들에게 희망을 줄 수 있어야 한다.

5. 리더십은 테크닉이 아니라 마인드다

리더십은 선천적으로 타고나는 것이 아니다. 사람마다 조금씩 재능의 차이가 있다고 해도 그것이 후천적인 노력보다 더 중요한 요소가 될 수는 없다.

타고난 재능이 성공을 좌우하는 예술이나 스포츠 분야와는 달리, 리더십은 의식적인 노력을 통해서도 얼마든지 개발이 가능하다.

인간의 심리는 70%는 감정이고, 30%가 이성이라고 한다. 리더십은 구성원들의 마음을 잡는 데서 출발한다고 할 수 있다. 물고기를 잡으려면 물의 흐름에 집중하고, 사람을 이끌려면 사람들의 마음에 집중하여야 한다.

리더는 자신의 생각을 구성원에게 깊이 심어주어야 하는데, 재미있는 비유나 유머나 위트로 표현하면 구성원들의 뇌리에 오래 기억된다.

사례

긴급한 상황에서 유머를 통해 국민들을 안심시킨 레이건 대통령

▶ 로널드 레이건(Ronald Wilson Reagan).

긴급한 상황에서 유머를 통해 국민들을 안심시킨 인물로는 레이건을 빼놓을 수 없다. 그가 저격을 받고 중상을 입었을 때 전국이 상심과 불안에 휩싸였고, 국민들은 매시간 흘러나오는 뉴스에 초조하게 귀를 기울였다. 그러나 정작 당사자인 레이건은 극심한 고통 속에 있었다. 수술이 시작되기 직전 외과 주치의가 말했다.

"각하, 이제 수술을 시작하겠습니다." 그러자 레이건이 주치의와 다른 의사들을 쳐다보며 물었다. "당신들은 모두 공화당원이겠지요?" 이 말을 들은 주치의가 빙그레 웃으며 대답했다. "친애하는 대통령 각하, 우리는 최소한 오늘은 전부 공화당원입니다." 마침내 수술이 끝났고 레이건이 다시 의식을 회복했을 때 측근들이 근심스런 표정으로 다가오자 레이건은 아쉽다는 표정을 지으며 이런 첫마디를 내뱉었다.

"할리우드에서 이렇게 저격당할 정도로 주목을 끌었다면 절대 영화배우를 그만두지 않았을 텐데." 실로 초인적인 인내와 뛰어난 유머 감각이 없으면 불가능한 일이 아니겠는가?

쉴 새 없이 쏟아져 나오는 레이건의 이 '병상 유머'들은 뉴스를 통해 미국의 국민들에게 고스란히 전달되었다. 그리고 그것은 불안에 빠졌던 국민들을 안심시켰을 뿐만 아니라 레이건의 동태에 촉각을 곤두세우던 국제 사회에도 '미국은 끄떡없다.'는 메시지를 전했다. 그는 몇 마디의 유머만으로 미국을 비롯한 전 세계에 흔들리지 않는 리더라는, 그리고 위급 상황에서도 국민들을 안심시키는 지도자라는 강한 인상을 남겼던 것이다.

자료: 김진배, 『웃기는 리더가 성공한다』, 뜨인돌출판사, 1999.

6. 유머와 배려는 리더십을 완성시킨다

리더와 구성원의 관계는 구성원들이 리더를 신뢰하고 좋아하며, 그의 말을 기꺼이 따라야 진정한 리더십을 발휘한 것이라 할 수 있다.

연구에 의하면 리더가 되기 위해서는 여러 가지 자질이나 특성이 있어야 하는데, 그 특성들 중에 어휘구사력, 대인관계 기술, 유머 감각 등이 포함된다고 한다.

사례

2022년 베이징 올림픽, 맏형 리더십 빛난 곽윤기의 '라스트 댄스'

15년간 24개 메달 딴 33세 레전드, 후배들 사기 높이고 똘똘 뭉쳐, 쇼트트랙 5,000 m 계주 銀 피날레 실력과 끼 갖춰 MZ 세대에 인기

▶ 2022년 베이징 올림픽, 맏형 리더십 빛난 곽윤기의 '라스트 댄스'.

AP images

▶ 2022 베이징 동계 올림픽 쇼트트랙 5,000 m 시상식.

AP images

2022년 2월 16일, 중국 베이징 캐피털 실내경기장에서 열린 2022 베이징 동계올림픽 쇼트트랙 남자 5,000 m 결승전. 결승선을 두 번째로 통과한 '맏형' 곽윤기(33)의 얼굴에는 아쉬움이 가득했다. 2010년 밴쿠버 올림픽 후 12년 만에 메달을 딴 빛나는 레이스였지만 "동생들에게 미안하다"며 고개를 숙였다. 하지만 그의 '라스트 댄스'는 메달 색을 넘어서는 큰 감동을 선사했다.

18세에 처음 태극마크를 단 곽윤기는 15년간 국가대표로 활약했다. 철저한 자기관리 없이는 불가능한 일이다. 주니어 때 쇼트트랙에서 두각을 나타낸 그는 "'쇼트트랙의 레전드'로 불릴 만한 업적과 이력을 이룬 선수가 되고 싶다는 꿈을 늘 가슴에 품고 있었다"고 했다. 하지만 현실은 쉽지 않았다. 그는 "그런 선수가 될 수 없다는 것을 조금 일찍 깨달았다. 2010년 밴쿠버 올림픽 이후였다."고 털어놨다.

그래도 포기하지 않았다. 최고 대신 자기만이 할 수 있는 '온리 원 플레이어'가 되는 데 집중했다. 164 ㎝의 단신에 호리호리한 몸은 자리 선점을 위한 치열한 몸싸움에 불리했지만 덩치가 큰 선수들은 시도하지도 못할 비좁은 공간을 파고드는 데 유리했다. 가벼운 몸을 활용해 순간 가속도를 키우고 방향을 자유자재로 트는 기술을 익혔다. 그의 인코스 추월 능력은 세계 최정상급이다.

그는 지난 15년간 금메달을 포함해 총 24개의 메달을 따냈다. 하지만 올림픽 금메달과는 유독 인연이 없었다. 2010년 밴쿠버 대회에는 남자 계주팀 막내로 참가해 은메달을 걸었다. 이후 2012년 세계선수권에서 우승하며 최고의 전성기를 구가했지만 2014년 소치 올림픽을 앞두고 발목 골절을 당해 선발전에도 출전하지 못했다. 2018년 평창 대회 계주에서는 준결승에서 올림픽 신기록을 세울 정도로 역주를 펼쳤지만 결승에서 후반에 임효준(중국명 린샤오쥔)이 넘어지면서 4위에 그쳤다.

하지만 그는 금메달 이상의 리더십으로 한국 쇼트트랙 대표팀을 이끌었다.

올림픽을 앞두고 쇼트트랙 대표팀은 안팎으로 적잖은 진통을 겪었다. 곽윤기는 호흡을 맞출 시간적 여유가 없었던 여자 계주팀에 특강을 열어 자신의 노하우를 공유했다.

이번 대회 초반 중국에 치우친 편파판정으로 팀 사기가 꺾이자 앞장서 비판에 나서 후배들의 사기를 높였다. 남자 계주 결승전을 앞두고는 "결과에 대한 책임은 내가 지겠다. 후배들은 올림픽을 충분히 즐겨줬으면 좋겠다."며 든든한 모습을 보였고 마지막 주자로서 값진 은메달을 수확했다.

실력과 끼, 든든한 리더십까지 갖춘 곽윤기에게 MZ세대도 열광하고 있다. 베이징 올림픽 전 17만여 명이 구독하던 그의 유튜브 채널 '꽉 잡아 윤기'는 17일 오전 단숨에 구독자가 100만 명을 넘어섰다. 결승전 직후 진행한 라이브방송에는 10만 명이 동시에 몰려 인기를 실감하게 했다.

이날 결승전 뒤에 열린 간이 시상식에서 곽윤기는 더 이상 실망한 표정이 아니었다. 특유의 밝은 표정으로 방탄소년단의 '다이너마이트' 춤을 선보이며 은메달을 자축했다. 올림픽

무대에서의 '라스트 댄스'는 끝났지만 인간 곽윤기가 보여줄 댄스는 아직 끝나지 않았다.

출처: 한국경제 조수영 기자
delinews@hankyung.com 2022.02.17 17:36 | 지면 A35.

리더는 구성원들 간의 관계를 규정하거나 조직화하고 공식적 의사소통 채널을 설정하여 과업을 달성하는 방법을 제시하는 등의 행위, 즉 '구조주도 행위'를 한다.

(1) 구조주도 행위

- 구성원들에게 분명한 비전과 직무를 정해준다.
- 수행할 일에 대한 플랜을 짜준다.
- 구성원들이 정해진 규칙과 규정에 따르도록 요구한다.
- 데드라인을 중시한다.

동시에 리더가 구성원들에게 보여주는 쌍방 의사소통, 의견수렴, 상호신뢰, 존중, 따뜻함 등의 범주에 속하는 행위, 즉 '배려 행위'를 하여야 리더십을 발휘한 것이라고 할 수 있다.

(2) 배려

앞을 못 보는 사람이 밤에 물동이를 머리에 이고 한 손에는 등불을 들고 길을 걸었다.
그와 마주친 사람이 물었다.
"정말 어리석군요. 당신은 앞을 보지 못하면서 등불은 왜 들고 다닙니까?"
그가 말했다.
"…"

Gettyimages

(3) 리더에게 필요한 마인드

- 막스 베버: 열정, 책임감, 비전, 제시, 능력.
- 닉슨: 지성, 용기, 노력, 끈기, 의로움, 통찰력, 의지, 판단력.
- 손자(孫子): 지(智), 신(信), 인(仁), 용(勇), 엄(嚴).

7. 직책이 리더십을 만들어 줄 수 없다

아무리 평범한 사람이라도 일단 어떤 자리에 앉아서 권한을 가지면 자연스럽게 리더로서의 능력을 습득하게 된다는 것인데 이것은 잘못된 것이다. 능력과 마인드를 갖춘 사람이 권한을 효과적으로 활용하면 자리에 적합한 리더십을 발휘할 수 있다.

8. 리더의 5가지 마인드

(1) 따뜻한 마음

따뜻한 마음은 리더가 갖추어야 할 리더십의 출발점이다.

(2) 여유로움

여유로움은 리더의 필수 덕목이다. 유능한 리더는 언제 어디서나 어떤 상황에서나 마음의 여유를 잃지 않는 침착함을 지녀야 한다.

(3) 아량과 포용력

아량과 포용력은 조직 내부의 소통에 필수적이다. 남의 말을 끝까지 듣고 자기와 견해를 진지하게 받아들이지 못하면 성공적인 소통이 되지 않는다.

(4) 다양한 일에 대한 관심과 오픈 마인드

다양한 일에 대한 관심은 리더가 가지고 있어야 한다. 리더는 변화하는 환경에 적절히 대응하기 위해서라도 세상을 향해 오픈 마인드가 되어야 한다.

(5) 열정

열정은 리더십의 핵심이다. 열정이 없으면 미래에 대한 비전을 제시할 수 없고, 또한 앞장서서 조직원들을 이끌 수 없다. 어려움이 닥쳤을 때 그것을 헤쳐나갈 의지와 용기도 생기지 않는다.

Gettyimages

제5장

리더십의 기술

1. 전문적 기술

리더십의 전문적 기술(Technical Skill)은 경험, 교육, 훈련에 의해 얻어지는 것이므로 어떤 직무를 수행하는 데 필요한 지식, 방법, 기술 및 장비를 활용할 줄 아는 능력을 말한다. 조직의 리더로서 조직의 목표, 조직관리 능력, 자원관리 능력(인적, 물적), 문제해결 능력, 정보 이해 능력 등 전반적인 것을 잘 이해하고 있음으로써 관련된 업무를 잘 수행할 수 있다. 리더의 전문적 기술은 성숙한 판단 능력에 의해 결정된다고 할 수 있다. 다양한 경험과 교육이 올바른 판단을 하게 한다.

2. 인간관계 기술

인간관계 기술(Human Relations Skill)이란 사람과 더불어 일하고 또 사람을 통해서 일을 이루어가는 능력이자 판단력으로 리더에게 꼭 필요한 관리 기술이다. 각 개인이 어떤 동기를 가지고 있는지 파악하고 이들의 개인적 목표가 조직이 추구하는 목표 달성에 이바지하도록 유도하는 행동이 필요하다.

성공적인 리더는 구성원들에게 충분한 배려를 하며 인간 지향적 인간관계 기술을 사용하고 구성원에게 효과적 직무를 수행하게 하는 동기부여를 하는 것이다.

▶ 인간관계 기술.

미국의 정신의학자 에릭 번(Eric Berne)의 교류분석 이론에서 삶에 대한 태도 개념은 바람직한 인간관계에 대한 통찰의 기회를 제공해 준다. 인간이 자신과 타인, 그리고 삶에 대하여 어떠한 태도를 가지는가에 따라 네 가지 유형으로 구분하였다.

▶ 교류분석학자 에릭 번. Wikimedia

이 태도는 궁극적으로 삶의 자세 및 인생관까지 영향을 미치게 된다는 것이다. 긍정적인 자세는 'ok'로 표현되며 사람과 사물 그리고 환경에 대하여 호의적이고 긍정적인 생각을 나타낸다. 반면에 부정적인 자세는 'not ok'로 표현되며 'ok'와 반대되는 생각이나 행동을 의미한다.

1) 자기부정–타인긍정(I'm not ok, You're ok)

피해적 인간관계

출생 시 환경, 어릴 때 무조건적 사랑과 관심을 받지 못한 경험으로 인하여 친밀관계를 맺지 못하고 열등감, 죄의식, 우울, 불신이 쌓여 심하면 자살을 시도할 수 있고, 자신을 다른 사람으로부터 소외시키는 경향이 있다.

자기부정—타인긍정의 행동유형

- 다른 사람과 깊이 있는 인간관계를 맺기 싫어한다.
- 자신감이 없고 열등의식이 있다.
- 마음속에 분노를 가지고 있다.
- 실패에 대한 두려움이 있어 책임을 맡지 않으려 한다.
- 자신이 무엇을 원하는지 뚜렷이 알지 못하고 자기의 의견을 주장하지 못한다.
- 문제나 책임으로부터 도피하고자 하며 다른 사람이 자신을 위해 결정해 주기를 바란다.

2) 자기부정—타인부정(I'm not ok, You're not ok)

파괴적 인간관계

많은 실수를 하고, 다양한 행동으로 시행착오를 하며 무가치함, 허무감, 정신분열증 등을 겪으며 비관적이고 절망적인 태도로 세상을 살아간다. 네 가지 유형 중 가장 바람직하지 못한 유형으로 심하면 정신과 의사의 도움을 받아야 한다.

자기부정—타인부정형의 행동유형

- 타인을 신뢰하지 않는다.
- 자신은 물론 타인에 대해서도 공격적이다.
- 반항적이고 적대적이며 체제나 세상에 대해 분노를 품고 있다.
- 될 대로 되라는 자포자기적인 태도를 취한다.
- 버림받는다든지 혼자서만 있게 된다는 두려움이 있다.
- 책임을 맡게 되면 투덜대고 실수를 반복한다.
- 인생의 목표가 없고 낙담하며 소외를 느낀다.

3) 자기긍정—타인부정(I'm ok, You're not ok)

공격적 인간관계

이러한 유형은 독재적이고 권위적인 리더나 습관적 범죄자에게 나타나기 쉬운데, 자신은 항상 옳고 우월하다고 생각하며 문제의 원인을 세상이나 타인의 탓으로 돌리는 경향이 있다. 외부 자극 거부 자세, 지배감, 우월감, 양심 부재, 불신 등으로 모든 잘못을 다른 사람의 탓으로 돌리며 타인의 실수에 대해서는 가차 없이 비난하고 자신의 생각이나 방법이 항상 올바르다고 생각한다.

자기긍정–타인부정형의 행동유형

- 배타적이고 지배적이다.
- 다른 사람의 뜻을 바르게 수용하지 않는다.
- 다른 사람을 지배하는 힘을 잃을 것을 두려워한다.
- 자기 방어적이고 공격적이다.
- 상대를 몰아 부친다.
- 우월의식이 강하다.

4) 자기긍정–타인긍정(I'm ok, You're ok)

생산적 인간관계

삶에 대한 네 가지 태도 중 가장 바람직한 태도로서 자신에 대해서 뿐만 아니라 타인에 대해서도 긍정적으로 인정하는 건강한 태도이다. 자신과 타인에 대한 신뢰를 바탕으로 심리적으로 안정되어 있고 의사결정에 있어서도 모두에게 선과 행복을 가져오는 건전한 방향을 추구한다.

대인관계가 원만한 사람이 되기 위해서는 자신과 타인을 똑같이 존중하는 긍정적인 인생태도를 갖고 있어야 한다. 그런데 인생에 대한 이러한 태도는 어른이 된 후에도 자신의 관점과 행동의 수정이 없는 한 변하지 않는다고 한다.

만약 자기긍정, 타인긍정의 태도를 갖지 못한 사람은 자신의 태도를 변화시켜야 한다는 문제의식을 가지고 구체적으로 어떠한 부분이 어떻게 변화되어야 하는지를 알아 변화를 위한 부단한 노력을 기울여야 한다. 초기 아동기에 형성된 인생에 대한 태도를 바꾸기는 쉽지 않지만 인간의 능력과 잠재력을 믿고 노력하여 올바른 인성을 갖춘 리더가 되도록 해야 한다.

자기긍정－타인긍정형의 행동유형

- 팀원으로서 다른 사람들과 사이좋게 일을 할 수 있다.
- 자신 및 타인을 존중하고 소중하게 생각한다.
- 개방적이며 언제나 수용할 태도를 가지고 있다.
- 의견의 불일치가 있을 경우 그 원인을 찾아서 해결방법을 모색한다.
- 자신감을 가지고 다른 사람과 대화하고 협력한다.
- 다른 사람의 눈치를 살피지 않고 자신 있게 행동한다.

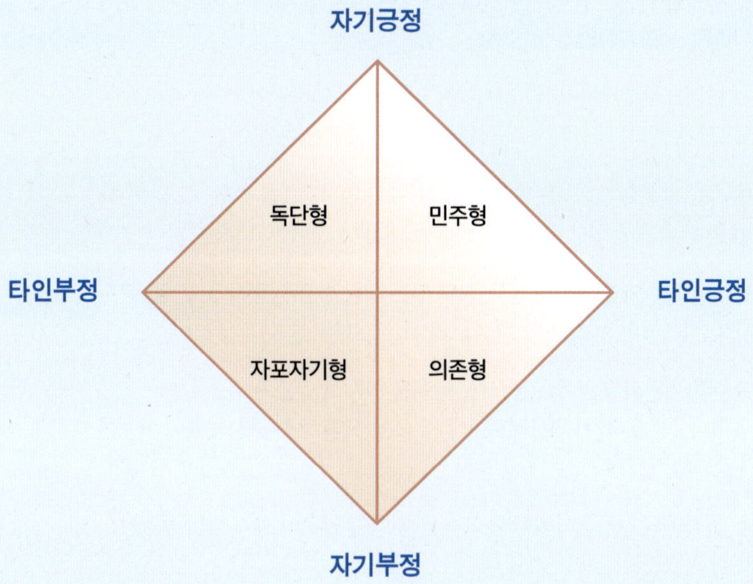

표 5.1 자기경영 (리더십)지수 평가

항목	내용	매우 낮다	조금 낮다	보통 이다	조금 높다	아주 높다
1. 비전	• 인생 전반에 대한 구체적인 장단기 목표와 실천 계획을 기록하여 가지고 있는가? • 목표는 달성기한이 정해져 있으며 목표달성을 위해 매일 염원과 더불어 실천사항을 실천하는 습관을 지니고 있는가?					
2. 잠재	• 잠재능력(NLP) 원리를 신뢰하며 모든 것은 내 믿음대로 된다고 생각하는가? • 목표에 대한 불굴의 신념과 더불어 꿈의 실현을 위해 그 꿈을 선명한 그림으로 그리는 습관을 실천하는가?					
3. 결단	• 매사에 현명하고 신속한 판단력, 강한 결단력을 실현하는가? • 한번 결단한 것은 신속히 실행하며 목표가 이루어질 때까지 절대 포기하지 않는 유형인가?					
4. 열정	• 매사 모든 일에 항상 당당한 자신감을 갖고 일에 임하는가? • 목표 달성을 위해 매사에 뜨거운 열정으로 임하고 있는가?					
5. 관계	• 주위 사람이나 조직과 항상 원만한 대인관계나 인간관계를 유지하고 있는가? • 한번 한 약속은 반드시 실천하며 남들이 내 말에 신뢰하고 있는가?					
6. 표현	• 개인이나 다수의 청중들을 설득할 수 있는 대중 소통 능력을 갖고 있는가? • 상대방을 설득할 수 있는 논리적인 문서 작성능력을 갖고 있는가?					
7. 관리	• 철저한 자기관리 위한 셀프 리더십 능력을 가지고 있는가? • 개인이나 조직을 자기 의도대로 잘 다루고 있으며 조직 구성원들이 자신을 잘 따르고 있는가?					
8. 건강	• 자신과 가족의 건강관리에 대한 지식은 지니고 있으며 정기 종합 검진은 실천하고 있는가? • 건강한 심신을 위한 운동을 정기적으로 하는가? (주 3회 이상, 매 40분~1시간 이상 땀 흘리며)					
9. 개발	• 국제화 시대에 부합한 외국어, 컴퓨터 능력을 갖추고 있는가? (직업, 나이에 따라 다르나 외국인과 필요한 의사소통 정도) • 자기개발 관련서적을 월 2권 이상 읽고 자기계발을 위한 교육이나 세미나에도 참석하여 지속적인 자기개발을 실천하는가?					
10. 금융	• 경제적 안정을 유지하고 있으며 재테크에도 항상 관심을 기울이는가? • 수입 일정 부분 반드시 저축, 미래에 대비하는 자세로 살아가는가?					

3. 개념적 기술

개념적 기술(Conceptual Skill)이란 조직의 각 부분을 연결시켜 전체를 보는 관리 능력이다. 조직 내부의 연결 관계를 이해함으로써 리더는 조직 전체의 전반적인 효율성을 증대시키기 위한 방법에 따라 행동할 수 있게 하는 능력이다.

첫째, 효과적으로 생각하는 능력을 키울 것
둘째, 창의적인 생각을 타인에게 명확하게 전달할 수 있는 능력을 개발해야 한다.

구성원 개개인의 목표와 욕구를 파악하며, 조직 수준으로 이끌어 조직 목표와 체계적으로 연결시킴으로써 집단의 안정성과 생산성을 높일 수 있어야 한다.

4. 의사소통 기술

의사소통 기술(Communication Skill)이란 정보를 전달하는 과정이라 볼 수 있는데 단순히 결정된 정책이나 과정의 변화를 알려 주는 것이 아니라 의사가 전달되도록 하는 노력과 다른 사람에게 동기부여하는 것이다. 의사소통은 하나의 도구를 넘어서 의사 전달자의 올바른 태도와 같은 정도까지도 포함하게 된다. 리더는 개방적, 적극적 자세를 보여 의사소통의 흐름을 원활히 할 수 있어야 한다.

Shutterstock

▶ 의사소통 기술.

5. 의사결정 기술

의사결정 기술(Decision-Making Skill)은 수집, 분석하고 여러 대안 중 가장 적합한 안을 선택하는 능력이다. 리더는 불확실한 상황에서 가장 적합한 안을 선택할 수 있는 의사결정 기술을 갖추어야 한다. 리더는 합리적인 의사결정이 되도록 정보를 수집, 분석하고 통제할 수 있는 능력이 있어야 한다. 이런 능력은 목표에 대한 정직성, 자신에게 맡겨진 업무에 대한 책임감 등에 의하여 축적될 수 있다.

Shutterstock

제6장
갈등관리와 리더십

Shutterstock

1. 갈등의 개념 및 정의

1) 갈등이란?

개인 또는 여러 집단 사이에서 다른 의견, 행동, 신념, 정서, 목표로 인해서 서로 충돌하여 서로의 이익에 상충하는 방향으로 상호작용하는 과정을 갈등(conflict)이라고 한다.

한자어로 칡 갈(葛)과 등나무 등(藤)이라는 글자를 조합한 것으로 칡은 왼쪽으로 덩굴을 감으며 올라가고, 반대로 등나무는 오른쪽으로 덩굴을 감으며 올라가서, 두 개체가 얽히면 풀기 어려운 모습이 된다. 게다가 칡과 등나무는 서로 질기고 자르기도 힘들며 뿌리까지 뽑기도 어려운 나무인데 이것을 개인이나 집단 사이에서 서로 간의 의견충돌 및 마찰에 비유하여 나온 말이다.

현대사회에서는 개인뿐만 아니라 국가 간의 갈등, 지역 간의 갈등, 집단 및 단체 간의 갈등이 자주 일어날 수 있는데 서로 타협을 하면서 해결되기도 하지만 의외로 장기간 갈등상태가 지속되는 경우가 있어서 사회문제로 작용하고 있다.

성공의문, 2008.12.23., https://haanel01.tistory.com/entry/%EB%93%B1%EB%82%98%EB%AC%B4-Wisteria-floribunda

▶ 칡 갈(葛)과 등나무 등(藤)—갈등.

오늘날과 같이 복잡한 사회에서 많은 사람들과 집단들이 각기 다른 목표를 향해 활동하다 보면 마찰이나 불편한 관계가 발생하기 마련인데, 이에 따라 갈등(conflict)[1]이 일어날 수 있다. 때로는 개인은 각종 욕구 및 목표가 다르거나 가치관, 신념 등의 차이로 인하여 개인 내부와 상호간 그리고 집단 간에 여러 가지 유형의 갈등을 겪고 있다. 갈등이란 양립될 수 없거나 상반되는 욕구, 바람, 생각, 관심 혹은 사람들 사이의 충돌상태를 말한다(이덕로, 2008).

2) 갈등의 정의

갈등에 대한 정의는 매우 다양하다. 조직의 갈등은 개인 간 갈등과 집단 간 갈등으로 구분될 수 있다. 갈등은 한 개인이나 집단이 다른 개인이나 집단과의 상호작용의 과정에서 발생하게 된다. 갈등에 대한 학자들의 정의는 표 6.1과 같이 요약될 수 있다.

표 6.1 갈등의 정의

리터러(J. Litterer)	어떤 개인이나 집단이 다른 사람이나 집단과의 상호작용이나 활동으로 상대적 손실을 지각한 결과, 대립, 다툼, 적대감이 발생하는 행동의 한 형태
토마스(K. Thomas)	조직의 한 단위가 다른 단위로 인해 자기의 관심사가 좌절되었거나 좌절될 것을 지각할 때 생기는 과정
로빈스(S. Robbins)	목적을 달성하고 이익을 계속 추구하는 데 있어서 A가 의도적으로 B에게 좌절을 초래하기 위한 방해 활동을 하는 과정
마일즈(R. Miles)	조직의 한 단위나 전체 구성원들의 목표지향적 행동이 다른 조직단위 구성원들의 목표지향적인 행동과 기대로부터 방해를 받을 때 표현되는 조건

자료: 백기복, 『조직 행동 연구(제3판)-조직과 인간의 새로운 만남』, 창문사, 2002, 306p.

1) 갈등(conflict): 목표, 태도 감정이나 행동의 불일치 혹은 반대가 일어나는 상황

2. 갈등의 원인 및 갈등을 줄일 수 있는 요소

1) 조직의 특성 및 개인의 특성

조직 특성		개인 특성
• 목표의 불일치 • 직위의 불일치 • 명령체계의 불일치 • 한정된 자원 • 업무의 상호 의존성 등	**갈등**	• 능력과 기술 • 성격, 감정 • 인식의 차이 • 가치와 윤리 • 의사소통의 장애 • 문화 차이 등

갈등요인이 계속 증가하는 현대사회에서 조직이나 개인은 갈등에 대하여 스트레스를 받고 힘들어하기보다는 다양한 갈등상황에서 슬기롭게 대처할 수 있는 능력을 키워야 하겠다. 최근에 IQ보다 EQ를 더 강조하는 이유는 EQ가 높은 사람들이 더 원만한 인간관계를 유지하며 갈등을 더 효과적으로 관리할 수 있기 때문이다.

2) 그 외 다양한 원인

① 의견, 가치관, 선호도 불일치
② 예의를 지키지 않음
③ 책임과 공동체 의식의 부족
④ 오해와 불신
⑤ 지나친 경쟁

Shutterstock

3) 갈등을 줄일 수 있는 세 가지 요소

① 상황에 대한 높은 감수성
② 타인의 관점에서 상황을 볼 수 있는 객관성
③ 타인에 대한 배려

3. 갈등의 종류

예전부터 갈등이 없는 상태가 가장 이상적이며 의견일치와 조화는 바람직하지만 의견 대립이나 불화 등은 나쁜 것이라고 생각하였다. 그러나 현대에 와서는 모든 조직과 인간관계는 갈등이 있을 수 있고 적당한 수준의 갈등이 때로는 도움이 될 수도 있다는 인식이 확대되었다. 갈등이 조직에 부정적 영향을 끼치지만 때로는 갈등이 새로운 문제해결 방안을 제시하며 개인과 조직의 창의력을 높여주는 역할을 하기도 한다는 것을 인식하게 되었다.

Shutterstock

1) 순기능적 갈등과 역기능적 갈등

(1) 순기능적 갈등

순기능적 갈등(functional conflict)[2]은 긍정적인 의견의 불일치 상태를 의미한다. 순기능적 갈등은 새로운 아이디어를 창출하게 하고 학습에 대한 의욕을 높이게 하며 개인의 성장을 돕는다. 개인들이 건설적 갈등에 접했을 때 자신과 타인에 대한 새로운 이해와 관점을 넓혀나갈 수 있게 해준다. 갈등을 조정해 나가는 경험을 통하여 업무상의 협조 관계가 되며 조직의 차원에서의 순기능적 갈등은 긍정적인 변화를 가져다주며 창의력을 높임으로써 조직성과를 향상시킬 수 있다.

(2) 역기능적 갈등

역기능적 갈등(dysfunctional conflict)[3]은 부정적인 의미의 의견의 불일치 상태를 말한다. 일 자체보다는 당사자들 간의 감정적인 소모와 적대감을 유발시킴으로써 조직의 업무성과를 떨어뜨리기도 한다. 조직 차원에서는 이러한 갈등상태가 오래 계속되면 갈등 당사자들은 심리적으로도 매우 힘든 상태가 되고 조직원들의 전반적인 사기도 떨어지며 인적자원을 낭비하게 됨으로써 조직성과도 떨

2) 순기능적 갈등(functional conflict): 건강하고도 건설적인 의견의 불일치로 조직의 성과에 긍정적인 영향을 미침.
3) 역기능적 갈등(dysfunctional conflict): 병적이고 파괴적인 의견의 불일치로 조직의 성과에 부정적인 영향을 미침.

어진다.

이렇게 조직의 성과에 긍정적인 영향을 주는 갈등을 순기능적 갈등이라고 하고, 부정적인 영향을 끼치는 갈등을 역기능적 갈등이라고 한다. 조직의 리더는 역기능적 갈등을 줄이도록 하고 순기능적 갈등은 가능한 장려하는 것이 필요하다.

2) 갈등의 분별 기준

순기능적 갈등과 역기능적 갈등을 분별하는 기준은 다음과 같다.

- 갈등 당사자들이 서로 적대감을 가지고 문제에 임하는가?
- 갈등의 결과가 조직에게 부정적인 영향을 끼친다고 생각하는가?
- 갈등상황 결과가 이득보다 손실이 더 많다고 예상이 되는가?
- 갈등 때문에 조직의 목표달성에 방해가 되고 있는가?

위의 질문들에 대하여 '예'라는 대답이 더 많을 때는 역기능적 갈등이라고 볼 수 있다.

4. 갈등의 유형과 원인

갈등은 개인과 조직 사이에서 다양한 유형으로 다양한 원인으로 발생한다. 개인과 조직의 특성들이 복합적으로 작용해서 발생하게 된다.

1) 개인적 갈등

개인적 갈등은 개인 내부의 갈등과 개인 간의 갈등으로 다시 나눌 수 있다.

(1) 개인 내부의 갈등[4)]

- **좌절에 의한 갈등**

좌절은 성취하고자 하는 목표가 이루어지지 못했을 때 개인이 경험하게 되는 갈등을 의미한다.

4) 개인 내부의 갈등(intrapersonal conflict): 한 개인이 다양한 욕구와 역할을 추구하는 과정에서 생기는 갈등.

목표를 다시 성취하기 위해 공격적이 되거나 불가능한 목표임에도 불구하고 집착을 보이기도 한다.

- 목표 갈등

한 개인이 목표를 추구할 때 다양한 목표 관련 갈등을 겪게 된다. 긍정적인 면과 부정적인 면을 가진 목표, 혹은 각각 다른 장점을 가진 두 가지의 목표가 동시에 떠올랐을 때 갈등을 겪게 된다.

- 역할 갈등

개인이 다양한 역할을 수행할 때 우선순위의 조정에 생길 수 있는 갈등이다. 직장 내에서 역할을 수행할 때 자신에게 확실하고 구체적인 역할이 주어지는 것이 아니라 여러 상사로부터 동시에 여러 종류의 일이 주어질 때도 역할 갈등을 느끼게 된다.

(2) 개인 간의 갈등[5)]

- 가족 또는 가까운 사람과의 갈등

가족, 친구, 배우자, 연인 등 가까운 사람과 갈등관계를 오래 지속하는 것은 매우 소모적이다. 모든 인간관계의 기본이 되는 자신과 타인에 대한 인정과 사랑 그리고 신뢰감은 가까운 사람들과의 관계에서는 특히 중요하다. 개방된 커뮤니케이션을 통하여 진솔한 대화를 할 때 대부분의 갈등을 해소해 나갈 수 있다.

- 직장 동료와의 갈등

직장에는 다양한 구성원들이 모여 하루의 대부분을 함께 보내게 된다. 나의 업무가 연관되어 있는 사람들의 특성에 따라 때로는 심각한 갈등상황을 일으키기도 한다. 직장에는 항상 일에 대해 불평, 불만, 남을 험담하는 사람 등 함께 일하기 힘든 사람들이 존재하기 마련이다. 혹시 나는 그와 비슷한 행동을 하지 않나 항상 자신을 돌아보는 동시에 그러한 사람들로 인해 나의 업무가 방해를 받거나 나의 감정이 상하지 않도록 적극적으로 대처해야 한다.

2) 조직 갈등

조직 환경에서는 다양한 형태의 갈등이 일어난다. 조직 간, 집단 간, 개인 간 혹은 개인 내에서도 상반된 생각과 가치 그리고 충분하지 못한 자원으로 인하여 갈등이 생기게 된다.

---

5) 개인 간의 갈등(interpersonal conflict): 대인관계에서 생겨나는 갈등.

(1) 조직 간 갈등

조직 간의 갈등은 회사와 회사 간의 갈등 등을 의미하는 것으로, 합병을 앞두고 있는 두 은행 간 앞으로의 정책 방향, 인사 등과 같은 문제로 갈등상황이 생길 수 있다. 주문을 하는 대기업과 소규모 하청업체와의 사이에서 주문방식, 결제방식 등과 관련된 갈등이 생겨날 수 있다. 요즘에는 대기업들도 하청업체와의 원만한 관계유지의 중요성을 깨닫고 하청업체를 협력업체라는 명칭으로 바꾸고 서로 간에 윈-윈(WIN-WIN)할 수 있는 방안을 모색하는 추세이다.

(2) 집단 간 갈등

집단 간의 갈등은 여러 형태로 나타난다. 계층 간, 즉 고위 경영자, 중간 관리자, 현장감독 등 조직 내 계층에 따른 갈등이 있을 수 있고 공식조직과 비공식조직 간에도 갈등이 생겨날 수 있다.

5. 갈등 대처 방법

1) 갈등 대처의 5 유형

토마스(K. Thomas)는 내가 상대방의 요구에 얼마나 협조적(cooprerative-ness)인가 그리고 내가 나의 목적을 얼마나 주장하는가(assertive-ness)에 따라 경쟁, 협력, 타협, 회피, 수용 등 5가지 대처 유형으로 나누고 있다(표 6.2).

(1) 경쟁(competing)

독단적이고 비협조적인 유형으로 상대방의 입장에 대한 고려 없이 나의 주장을 밀어붙이는 갈등 대처 행동방안이다.

(2) 협력(collaborating)

협력은 이해 당사자들이 서로 최선의 해결점을 찾는 갈등 대처방안이다. 열린 마음으로 대화를 통해 최선의 해결방안을 모색함으로써 장기적으로도 가장 바람직한 갈등 해결 방식이다. 이때 상대방에 대한 신뢰와 정보 공유가 필요하며 서로가 상생(win-win)할 방안을 찾아낼 수 있는 것이 중요하다. 합리적인 사람은 협력을 통하여 자신과 상대방의 입장을 동시에 충족시키려고 노력하는 경향이 있다.

(3) 타협(compromising)

타협은 서로의 입장에서 중도를 취하는 대처방식으로 갈등상황을 빨리 끝내야 하는 경우 양보할 것은 양보하고 얻어낼 것은 얻어내는(give and take) 협상 방식이다. 타협할 때보다 나은 입장을 얻기 위하여 요구사항이나 갈등상황을 확대해서 협상 테이블에 나서기도 한다.

(4) 회피(avoiding)

갈등상황에서 아무런 행동을 취하지 않거나 그 상황으로부터 거리를 유지하고 싶을 때 취하는 행동이다. 상대방이 매우 화가 나 있어 진정할 시간이 필요하거나 피하는 것이 더 큰 문제를 발생시키지 않을 때는 이 유형이 효과적일 수 있으나 갈등상황에서 자주 회피적인 행동을 하는 것은 좋지 않다.

(5) 수용(accommodating)

나의 입장보다는 상대방의 입장을 수용하는 협조적인 대처방식으로서 원만한 관계유지가 필요하거나, 나에게는 그다지 중요하지 않으나 상대방에게는 매우 중요한 사안에 대하여 취할 수 있는 행동이다. 그러나 관리자가 계속 타인에게 양보를 하는 결정을 하게 되면 구성원으로부터 신뢰나 존경을 잃을 수 있으므로 주의하여야 한다.

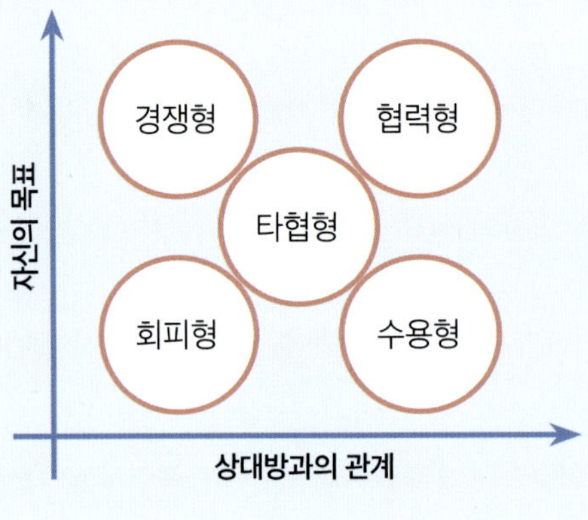

표 6.2 갈등 대처 유형

유형	바람직한 상황
경쟁	• 빠른 결정이 요구되는 비상시 • 예산삭감, 해고 등과 같이 중요한 문제에 대하여 단호한 조치가 요구될 때 • 회사의 운명에 관한 중요한 쟁점에 대해서 리더가 옳다고 확신할 때
협력	• 양자의 입장이 서로 중요하여 통합적 해결방안을 찾아야 할 때 • 다른 견해를 가진 사람들의 식견을 수렴하고자 할 때 • 공통적인 관심사에 대해 합의를 도출함으로써 적극적 협조를 얻어내고자 할 때
타협	• 목표가 중요하나 조직의 분열을 원하지 않을 때 • 상대방과 서로 추구하고자 하는 목표가 충돌하지 않을 때(give and take) • 복잡한 사안에 대하여 시간적 압박 때문에 일시적인 협의에 이르고자 할 때 • 경쟁이나 제휴의 대처방안이 수용되지 않을 때의 차선책
회피	• 사안이 별로 중요하지 않거나 보다 중요한 사안이 압박할 때 • 해결되었을 때의 이점보다 문제가 확대될 가능성이 더 클 때 • 시간을 두고 정보 수집을 하는 것이 당장의 결정보다 더 중요할 때 • 다른 사람들이 그 갈등을 더 효과적으로 해결할 수 있을 때
수용	• 내가 잘못되었다는 것을 알고 더 나은 방안을 수용하고자 할 때 • 나보다 상대방에게 그 이슈가 더 중요하기 때문에 상대방의 요구를 수용하면 협조를 얻어낼 수 있을 때 • 조화와 안정이 매우 중요할 때 • 나중의 중요한 사안에서 유리한 입장이 되기 위해 신뢰를 쌓을 필요가 있을 때

2) 나의 갈등대처유형

다음 문장을 읽고 갈등상황에 있어 자신은 친구들 혹은 동료들과의 관계에 있어 얼마나 자주 그러한 행동을 나타내는지 응답한 후 자신의 유형을 평가해 보자.

1: 거의 그렇지 않은 편이다. 2: 그렇지 않은 편이다. 3: 보통이다.
4: 그런 편이다. 5: 항상 그런 편이다.

1	나는 동료들에게 내 주장이 옳다는 것을 강력히 반박한다.	1--2--3--4--5
2	나는 타협점에 도달하기 위하여 다른 사람들과 협상한다.	1--2--3--4--5
3	나는 다른 사람들의 기대를 충족시키기 위하여 노력한다.	1--2--3--4--5
4	나는 문제의 원인을 검토한 후 상대방과 서로에게 유익한 해결책을 찾기 위해 노력한다.	1--2--3--4--5
5	나는 내 입장을 관철하는 데 확고하다.	1--2--3--4--5
6	나는 될 수 있는 대로 문제가 될 사안에 대해서 관여하지 않으려고 한다.	1--2--3--4--5
7	나는 내가 정한 문제해결 방식을 고수한다.	1--2--3--4--5
8	나는 상대방에게 줄 것은 주고 받을 것은 받음으로써 타협점을 모색하려고 한다.	1--2--3--4--5
9	나는 상대방과 문제를 함께 해결하기 위하여 정확한 정보를 교환하려고 노력한다.	1--2--3--4--5
10	나는 의견 차이에 대해 터놓고 말하는 것을 피한다.	1--2--3--4--5
11	나는 다른 사람들의 요구를 다 들어준다.	1--2--3--4--5
12	나는 모든 문제를 확 터놓고 토의하려고 노력한다.	1--2--3--4--5
13	나는 문제를 끝내기 위해 중도노선을 제안한다.	1--2--3--4--5
14	나는 상대방의 제안을 수용하는 편이다.	1--2--3--4--5
15	나는 서로 감정 상하는 것을 피하기 위하여 동료들과 의견 차가 있더라도 나타내지 않는다.	1--2--3--4--5

다음의 표에 점수를 적어 합계를 비교해 보자.

협력		수용		경쟁		회피		타협	
문항	점수	문항	점수	문항	점수	문항	점수	문항	점수
4 9 12		3 11 14		1 5 7		6 10 15		2 8 13	
합계		합계		합계		합계		합계	

자료: 최애경, 『성공적인 커리어를 위한 인간관계의 이해와 실천』, 청람, 2006, pp.196~198.

가장 점수가 높은 유형은?

가장 점수가 낮은 유형은?

나의 일상적 갈등대처유형은 가장 점수가 높은 유형이다.

조직상황에서는 위의 다섯 가지 유형 중 어느 한 유형이 항상 바람직하다기보다는 때에 따라서 회피하는 것이 나을 수도 있는가 하면 경쟁하는 것이 바람직할 수도 있다. 따라서 상황에 따라 관리자는 적절한 유형의 갈등대처전략을 행사할 수 있다.

6. 갈등 관리방안

갈등 행동은 좌절 경험에 대한 인간의 반응이며, 갈등 관리는 갈등 상황을 사전에 예방하거나 혹은 확대되는 것을 방지하기 위한 행동을 의미한다(Joseline, Raj, & Gunaraj, 2022).

조직 내 갈등을 적정한 수준으로 유지하며 관리하기 위해서는 일단 파괴적인 갈등이 생겨나지 않도록 방지하여야 하고 갈등이 발생하였을 때는 해결하기 위하여 노력하여야 한다. 또한 조직 내의 갈등수준이 너무 낮아서 조직 내에 변화에 대한 저항이 있을 때는 인위적인 갈등요소를 추가시킴으로써 조직 내 갈등수준을 높일 수 있다.

1) 조직 갈등 관리방안

(1) 갈등의 방지

조직 내에 갈등의 발생 요소는 없는지 항상 조심하며 불필요한 경쟁을 회피하고 균형된 자원 배분 및 인사정책을 수립하며 뚜렷한 공동의 목표와 비전을 제시함으로써 조직구성원들이 신나게 일할 수 있는 분위기를 유지한다.

Gettyimages

(2) 갈등의 해소

일단 갈등이 발생하였을 때는 갈등상황이 너무 오래 가지 않도록 빠른 문제해결을 위하여 노력한다.

(3) 갈등의 조장

조직이 침체되고 구성원들이 능동적인 참여가 떨어질 때는 갈등을 적절히 조장함으로써 조직에 활력을 불어넣을 수 있다. 새로운 팀을 구성하여 경쟁체제를 만들거나, 의사전달 통로의 다양화 및 새로운 정보의 소통 등을 통하여 조직원들에게 긴장감을 주고 새로운 동기를 유발시킬 수 있다.

2) 대인관계 갈등 대처방안

대인관계에서 발생하는 갈등에 대한 대처방안은 다양하겠지만 자신의 감정 관리와 문제해결을 위한 'I-message 커뮤니케이션'을 중심으로 살펴보자.

(1) 감정 관리

사람들 간의 갈등은 자신의 감정을 억제하지 못하거나 제대로 표현하지 못해서 발생하기도 한다. 어떤 상황이든 감정적으로 화를 내고 분노를 표출하는 것은 그다지 도움이 되지 않는다. 상대방이 매우 화가 나 있을 때는 화를 내며 감정을 표출하기보다는 차분하게 대처하는 것이 필요하다. 특히 상대방이 고객이거나 앞으로도 계속 관계를 유지해야 할 대상이라면 먼저 상대방이 왜 화가 났는지 문제를 파악하기 위하여 상대방의 말을 경청한 뒤 상대방의 관점을 인식하고 인정해 준다. 상대방의 주장이 옳지 않다면 일단 충분히 경청한 뒤 상대방의 화가 어느 정도 가라앉으면 긍정적인 태도로 자신의 관점과 입장을 이야기하고 이를 증빙할 수 있는 사례나 정보를 제공한다.

(2) I-message 커뮤니케이션

흔히 사람들은 다른 사람들이 우리 자신의 감정과 입장을 잘 안다고 생각한다. 그러나 자신의 감정과 관련된 정보를 상대방에게 정확히 전달하지 않고 알아주기를 바라는 것은 갈등상태를 심화시킨다. 나의 감정을 확인하고 상대방과 피드백을 주고받을 때 또는 상대방의 행동변화를 요구할 때는 'I-message'를 이용한 의사소통방식을 택한다.

Gettyimages

I-message는 감정을 자신의 관점에서 표현하는 것을 의미한다.

- 감정의 원인 설명
- 감정 확인
- 타인에 대한 영향

등의 순서로 이야기한다.

Worksheet

1. 갈등하면 떠오르는 단어 5가지를 적어 보세요.

2. 옆 사람에게 왜 그 단어를 적었는지 설명해 주세요.

3. 자신이 타인과의 관계에서 갈등상태에 있다면 어떻게 해결할 수 있는지 생각해 보세요.

제7장

스트레스 관리와 리더십

Gettyimages

1. 스트레스의 개념 및 종류

1) 스트레스의 개념

스트레스(stress)라는 용어가 처음 학문적으로 사용되기 시작한 곳은 물리학과 공학 분야로 라틴어인 stringer(팽팽히 죄다; 긴장)이며, 미국의 생리학자 캐논(Canon)이 스트레스를 받았을 때 생존수단으로 투쟁-도피 반응(flight-flight response)과 생리적 균형(homoestasis)을 발표함으로써 스트레스 개념을 개략적으로 의학계에 처음 소개하였다. 하지만 물리학적 개념의 스트레스란 용어를 의학에 처음으로 적용시킨 사람은 캐나다의 내분비학자 셀리에(Selye)이다. 그는 일반 적응 증후군(general adaptation syndrome)에서 어떠한 종류의 스트레스 요인이라도 그에 따른 신체 반응은 매우 유사하다는 점과 이런 스트레스 요인이 오랫동안 지속되면 질병으로 발전할 수 있다는 점을 보고한 것이다. 오늘날의 현대인은 많은 스트레스 환경 속에서 살고 있다. 그래서 그는 "스트레스로부터의 완전한 자유는 곧 죽음이다."라고까지 표현한 바 있다.

2) 스트레스의 종류

(1) 순기능적 스트레스

적당한 스트레스는 삶의 활력소가 되는 것이 사실이다. 적절한 자극으로 작업 능률이 오르고, 개인의 발달에 도움을 준다. 가볍고 조절 가능한 스트레스는 상쾌한 자극이 될 수 있다는 것이다. 스트레스는 인간생활에 순기능 혹은 역기능적인 역할을 동시에 수행한다. 이중 인간생활에 순기능적인 역할[1]을 하는 스트레스를 좋은 스트레스, 유스트레스(eustress) 혹은 유익 스트레스라 한다.

(2) 역기능적 스트레스

스트레스가 '지속적이고 조절이 불가능한 상태'까지 이어질 수 있다. 특수한 조건에 대처하기 위해 몸에 일종의 비상이 걸리는 스트레스 상황이 계속된다면 몸에 이상이 오는 것이다. 가끔 받아야 할 스트레스를 지속적으로 받게 되면 인체는 자기 조절능력을 상실하게 된다. 이와 같이 인간생활에 역기능적인 역할을 수행하는 스트레스[2]를 나쁜 스트레스, 디스트레스(distress), 혹은 유해스트레스라 한다.

좋은 스트레스와 나쁜 스트레스는 어떤 기준으로 나눌까? 전문가들은 '예측'과 '통제'가 가능한지 여부를 놓고 구분한다. 사전에 예측할 수 있어 계획을 세울 수 있고 이를 통해 조절과 통제가 가능하면 개인에게 부담을 주거나 질병을 일으키지 않는다는 것이다.

2. 스트레스의 주요 원인

1) 직무 관련 스트레스

직업을 가진다는 것 자체는 크든 작든 스트레스를 받기 마련이나 직업의 종류나 직위에 따라 개인이 스트레스를 받는 정도는 다양하다. 특히 조직의 분위기나 체계 혹은 업무 자체가 유발하는 스트레스의 종류도 다양하다.

(1) 업무량에 따른 스트레스

업무시간 혹은 조직원의 숫자에 비해 절대적으로 업무량이 많을 때는 항상 일이 밀리고 잔업을 하거

---

1) 순기능적 스트레스: 생활의 활력을 가져다주는 스트레스.

2) 역기능적 스트레스: 과다하면 신체적, 정신적 질병을 가져다주는 스트레스.

사례

코로나 팬데믹 시대의 직장인은 원격 근무의 일상화로 각종 알림(Push)의 통제를 받게 되고, 그로 인한 스트레스가 늘고 있다.

화장실에서도 자유롭지 못한 알림음

직장인 A 씨는 블루투스 이어폰을 신체의 일부처럼 달고 산다. 화장실을 갈 때도 여지없이 영상 회의 알림, 업무용 메신저의 알림이 울리기 때문이다. 모든 소통을 IT 기기로 주고받는 원격 근무의 특성상 각종 푸시 알림 소리가 겹쳐 노이로제를 유발하고 있다. 업무에 관련된 알림뿐 아니라 개인적인 알림에 각종 스팸(불특정 광고) 알림까지 보태지면 '사무실에 있을 때보다 더 큰 스트레스'를 받게 된다고 한다.

미국 캘리포니아 대학에서 관련 연구를 수행한 글로리아 마크 정보학 교수에 따르면 각종 푸시 알림으로 인해 사람들이 모니터 화면을 하루 평균 566번 전환하는 것으로 조사되었다. 또 이 알림을 확인하고 원래 하던 일로 되돌아가는 데는 하루 평균 25분 26초가 걸린다. 이렇게 빠르게 전환되는 의사소통은 정신적인 부담을 가중시킨다는 것이다.

2021년 2월 기준, 마이크로소프트의 업무 동향 지표(Work Trend Index) 보고서에서도 유사한 결과가 나타났다.

팬데믹 시대의 디지털 업무 과부하
원격 회의에 참여하는 시간 증가(비율) … 148%
주당 평균 채팅 증가(비율) … 45%
문서 작성 업무 참여자 증가(비율) … 66%
이메일 발송 증가(건수) … 406억 건

shutterstock

자료: Microsoft 2021 Feb Work Trend Index.

나 업무를 집으로까지 들고 가게 되므로 개인이 경험하는 스트레스는 크다. 또한 개인의 능력에 비하여 요구되는 지식이나 기술의 수준이 높을 때는 그로 인한 스트레스가 더 크다.

Gettyimages

(2) 일과 가정, 양립에 따른 스트레스

직장과 가정을 양립하는 근로자들이 특히 많이 느끼는 스트레스로서 육아와 가사를 전담하거나 도와주는 보조자가 없을 경우에는 직장에서의 업무와 가정에서의 책임 때문에 지속적인 스트레스에 시달리게 된다. 양쪽의 일을 완벽하게 하려고 노력하다 보면 역할 갈등이 생기게 되고 이러한 현상이 장기화되면 소진상태[3]에 이르게 된다. 최근에는 남성들도 자녀들과 함께 하는 시간을 더 갖기를 원하고 잦은 출장이나 외근은 싫어하는 것으로 나타나 가치관의 변화를 알 수 있다.

(3) 사회적 자원의 부족

힘들고 어려운 일을 하더라도 이를 이해하고 후원해 주는 상사, 동료, 가족, 지원단체가 있으면 그렇지 않은 경우보다 정신적인 스트레스는 훨씬 줄어들게 된다. 구성원들이 어떠한 형태의 어려움에 부딪혔을 때 도움을 구할 수 있는 인간적인 유대관계뿐 아니라 카운슬링과 같은 조직적인 차원에서의 지원도 필요하다.

이 밖에도 책임감, 경력문제, 가정문제, 경제문제, 그리고 최근 들어 관심의 대상이 되고 있는 삶의 질, 일과 개인의 삶 간의 균형 등과 관련하여 스트레스가 야기될 수도 있다.

(4) 열악한 근무환경

개방된 공간에서 많은 사람이 함께 일함으로써 발생하는 대화, 통화 내용 등의 소음은 오히려 예전보다 늘어났다. 또한 컴퓨터로 처리하는 업무가 많아지면서 과다한 컴퓨터 사용에 따른 신체적, 정신적 장애 현상과 스트레스도 많아지고 있다.

(5) 기타 업무 관련 스트레스

기타 업무와 관련된 여러 종류의 스트레스는 다음과 같다.

---

3) 소진상태(burnout): 계속적인 스트레스를 받는 상황에서 신체적, 감정적, 정신적인 탈진과 더불어 자신감이 결여된 상태.

- 자신의 적성과 맞지 않는 일을 해야 할 때
- 여러 가지 일을 한꺼번에 처리해야 할 때
- 신체적, 정신적으로 충분한 휴식을 취하지도 못하고 여러 가지 일을 해야 할 때
- 거절할 용기가 없어서 억지로 일을 해야 할 때
- 꼭 해야 할 중요한 일을 하지 못할 때
- 마감일이 다가오는데 일을 완수할 자신이 없을 때
- 한꺼번에 일이 터져 감정이 폭발하려 할 때
- 바쁠 때에 찾아와서 시간을 빼앗는 사람이 있을 때
- 해야 할 일이 매일 쌓여갈 때
- 건강이 따라주지 않을 때

이반채비치와 매터슨[4]은 조직 내 직무로 인한 스트레스 분석 모델을 다음과 같이 소개하였다.

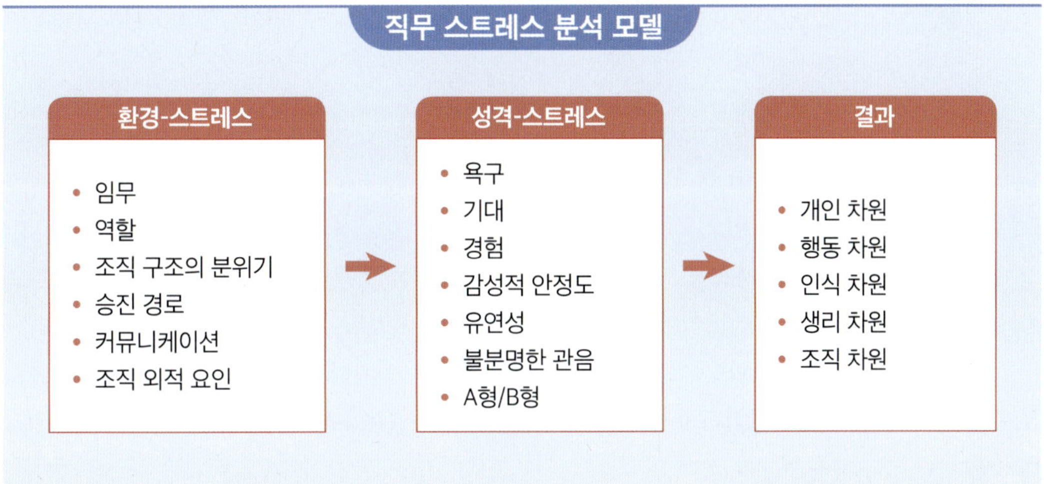

2) 업무 외 스트레스

흔히 부정적이거나 괴로운 사건들만 스트레스를 가져올 것이라고 생각하기 쉽지만 긍정적이든 부정적이든 일생에 있어서 크고 작은 변화는 스트레스 요인으로 작용한다.

생애에서 일어나는 각종 변화는 다음과 같은 형태들이 있으며 이것은 대부분 내가 통제할 수 있

4) J. M. Ivancevich & M. T. Matteson, Stress and work, Glenview, 1980.

는 일상적인 영역이 아니라 때로는 변화시키거나 바꿀 수 없는 사건들이기 때문에 극복하기가 더욱 어렵다. 결혼, 이사, 출산 등 좋은 일도 때로는 새로운 변화를 경험하기 때문에 스트레스를 느끼게 된다.

(1) 생애 중대한 사건

배우자의 사별, 이혼, 큰 질병, 수감 등 한 개인을 지금까지와는 전혀 다른 삶의 방향으로 몰고 가는 생애의 중대한 사건들을 맞이할 때 사람들은 매우 심한 스트레스를 경험하게 된다. 다음은 미국인들을 대상으로 조사한 결과 배우자의 죽음을 100으로 보았을 때 다른 주요 사건들의 스트레스를 지수로 나타낸 것이다.

사건	지수	사건	지수	사건	지수
• 배우자의 사별	100	• 가까운 가족의 죽음	63	• 퇴직	45
• 이혼	73	• 건강에 이상 변화	53	• 임신	40
• 별거	65	• 결혼	50	• 이사	20
• 수감	63	• 해고	47		

출처: T. H .Homes and R. H. Rahe, 『The Social Readjustment Rating Scale』, 1967, pp. 217~218.

(2) 일상생활의 스트레스

생애의 큰 사건에서만 스트레스를 느끼는 것이 아니라 매일의 일상생활에서도 현대인들은 많은 스트레스를 경험하게 된다.

대학생들이 일반적으로 받는 스트레스의 종류를 살펴보기 위해 약 60명의 학생들을 대상으로 조사한 결과 자신이 현재 경험하고 있는 스트레스를 5개 나열하라고 했을 때, 다음과 같은 순위로 나타났다(최애경, 2006).

- 불투명한 진로 및 취업
- 학과 공부와 과제물, 아르바이트 등으로 인한 과중한 작업
- 학과 성적, 학점
- 외모(다이어트 등)
- 인간관계(친구관계, 선·후배 관계, 이성 관계 등)
- 부모와의 가치관 차이
- 행동에 대한 책임감, 주위의 기대

- 어학 실력, 능력에 있어서의 자신감 결여, 열등감
- 건강

3) 사회 차원의 스트레스

권위적인 상사 등 조직생활에서 발생하는 '사회적 스트레스'가 영양실조, 수면 부족 등 신체적 결핍보다 몇 배 더 치명적이라는 연구결과가 나왔다. 미국 오하이오 주립대학의 과학자들은 학술지 『신경면역학(Neuroimmunology)』에 발표한 논문에서 사회적 스트레스가 면역체계의 과잉반응을 유발, 죽음을 초래할 수 있음을 밝혀냈다고 한다.

연구진들은 실험을 위해 두 그룹의 쥐를 사용했다. 한 그룹은 매일 2시간씩 공격적이고 힘센 쥐로부터 괴롭힘을 당하게 하고, 다른 그룹은 실린더 관에 갇힌 채 16시간 동안 물과 음식을 먹지 못하게 했다. 이후 쥐들을 세균성 독소에 노출시킨 결과, 사회적 스트레스를 받은 그룹이 신체적 결핍 그룹보다 죽을 가능성이 2배나 높은 것으로 나타났다.

4) 조직 차원의 스트레스

Gettyimages

직무 스트레스 요인 가운데 조직 차원에서 볼 때 중요한 것은 조직 구조(설계)이다.

조직 구조는 조직의 목표를 달성하기 위하여 개인과 집단의 행동을 이끌어갈 직무와 부서의 체계적인 틀(frame)로서 조직화 기능의 기반을 제공하는 것이다(Ivancevich, Lorenzi, Skimmer, Crosby).

표 7.1 스트레스 원인

스트레스 본질	통제 가능	통제 불가능 (그러나 최소화할 수 있음)
외적 요인	• 한꺼번에 여러 활동 혹은 일을 하려고 함. • 스트레스를 받는 일이 많음. (경쟁적, 마감일 임박, 높은 실패 가능성 등)	• 질병, 죽음, 사고 • 가족문제, 금전문제 • 직업변화 및 문제
내적 요인	• 잘못된 시간관리, 조직력 부족, 업무 관리 능력 결여 등	• 성격적 요인: 부정적 자아개념 • 걱정, 끈기 부족, 불안 등

자료: 최애경, 『성공적인 커리어를 위한 인간관계의 이해와 실천』 청람, 2006, 258p.

직무와 관련해 스트레스로 작용될 수 있는 다양한 요소가 있다. 다양한 요소에 대한 반응은 개개인의 성격에 따라 다르게 나타난다. 이 모델에서 중요한 것은 스트레스를 일으키는 요소에 대한 태도를 자신이 결정한다는 점이다. 반응에 대한 선택권은 본인에게 달렸으며 이 선택은 성격에 따라 매우 다르게 나타난다. 이것은 인간의 행동이 어떻게 나타나는지를 분석하면 이해가 가능하다.

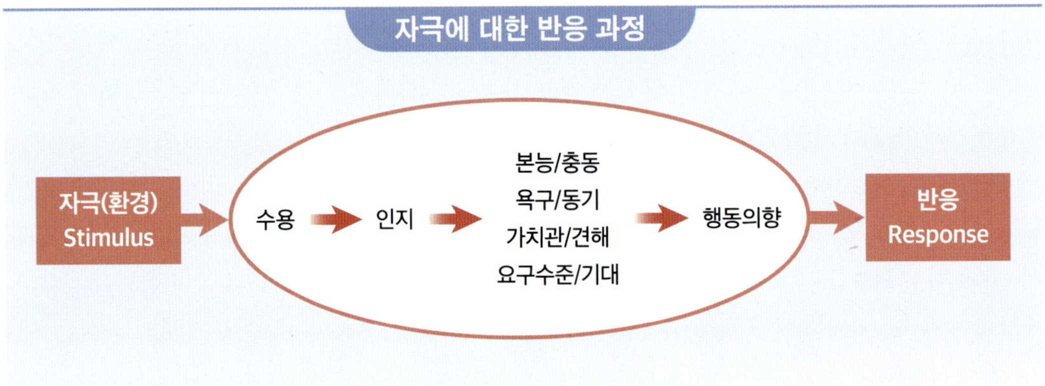

5) 집단 차원의 스트레스

직무 스트레스 요인 가운데 집단차원에서 볼 때 중요한 것은 주로 동료나 상사를 포함한 대인관계에서 찾아볼 수 있다. 응집성이 결여되었거나, 집단 내 갈등 및 리더십 문제 등을 들 수 있다.

(1) 응집성 결여

일반적으로 응집성(cohesiveness)이란 집단 내 구성원 상호간의 친밀성 정도를 말한다. 응집성은 집단의 성과와 밀접한 관계를 갖기 때문에 지금까지 응집성은 많은 관심의 대상이 되었다.

(2) 집단 내 갈등

갈등이란 사람들 사이에 양립될 수 없거나 상반되는 욕구, 바람, 생각, 관심들 사이의 충돌상태를 말한다. 상호작용, 주의적 관점에서는 집단을 활성화되도록 하고, 자기 비판적이며, 창조적일 수 있도록 하기 위해 어느 정도의 갈등은 필요하기는 하지만 지나친 갈등은 여러 가지 부작용을 일으킨다.

(3) 리더십 문제

상사와의 관계에서 주요 요소 가운데 하나가 리더십 문제이다. 일반적으로 배려 깊은 상사의 태도는 직무 스트레스를 감소시킨다. 여기서 배려 깊은 상사 유형이란 구성원으로 하여금 의사결정 과정에 적극적으로 참여시키고, 의사소통을 제공하는 유형을 지칭한다. 이 밖에도 지위에 따르는 문제와 관련해서도 스트레스가 일어날 수 있다(이덕로, 2008, p. 209).

3. 스트레스 결과

(1) 행동적 결과

스트레스의 행동적인 결과를 보면 흡연, 알코올남용, 약물남용, 돌발사고, 폭력성, 식욕부진 등이 있다.

(2) 심리적 결과

가정문제, 수면장애, 성적 역기능, 기능저하, 번 아웃 등이 나타난다. 번 아웃은 개인은 물론이고, 높은 성과에 대한 기대와 전문성을 고도로 요구하는 직업에서 발생하는 경향이 있다.

(3) 신체적 결과

스트레스의 개인적 결과 중에서 신체적 혹은 의학적 결과로 나타나는 것에는 심장병과 뇌일혈, 요통, 소화기 궤양증과 기타 위나 장의 질환, 두통, 암, 당뇨병, 간경변증, 폐질환, 피부질환, 고혈압 상승, 콜레스테롤 증가 등이 있다(최애경, 2006).

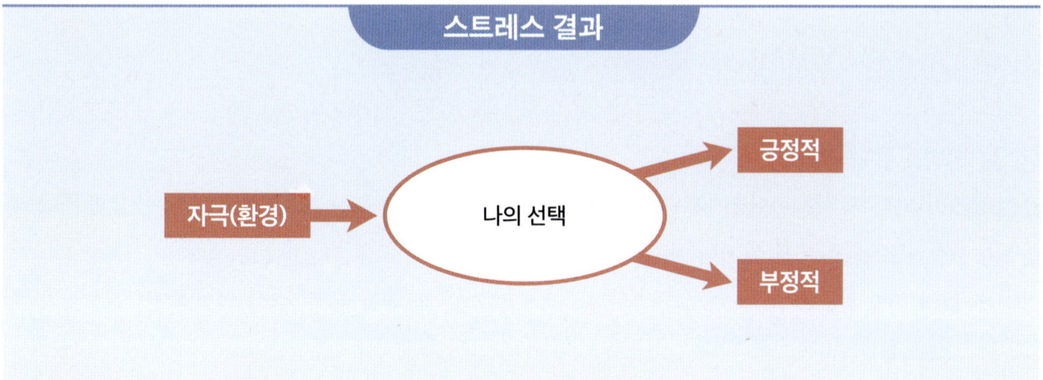

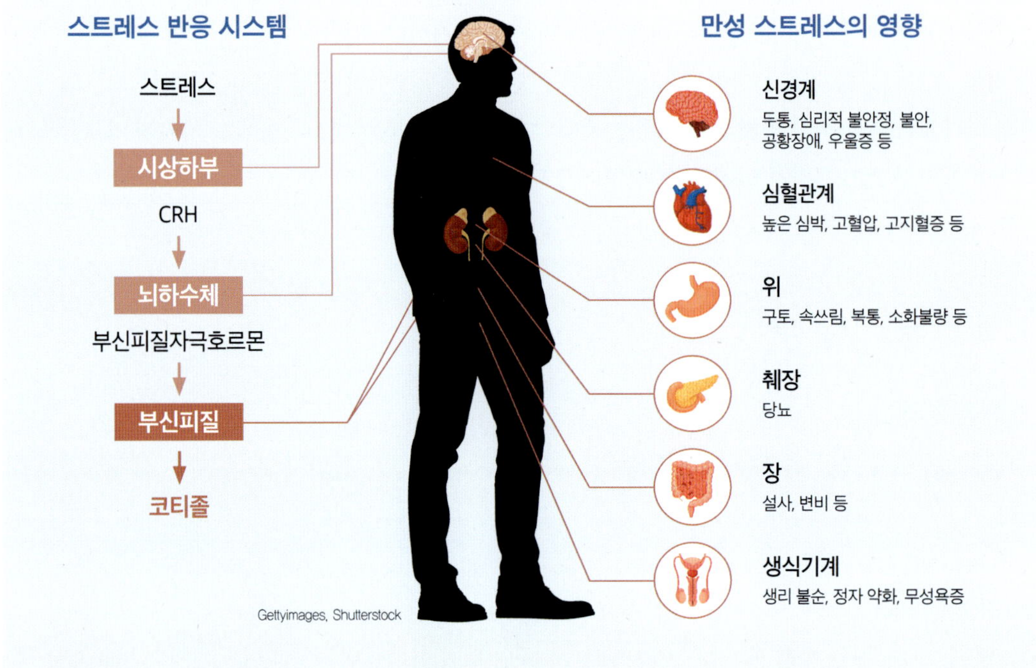

- 개인차원의 결과 ⟶ 지치거나 두려움, 의기소침, 불만, 화(분노), 공격적, 책임의식 등
- 행동차원의 결과 ⟶ 잦은 실수, 사고, 술이나 약물 사용, 사회적 고립 등
- 인식차원의 결과 ⟶ 집중력 부족, 기억력 감퇴, 문제해결능력 약화 등
- 생리차원의 결과 ⟶ 고혈압, 높은 콜레스테롤, 위장질환, 알레르기 등
- 조직차원의 결과 ⟶ 결근, 이직, 성과 저하, 참여도 저조, 일에 대한 불만족 등

4. 스트레스 극복방안

(1) 업무량을 줄인다

스트레스가 과다하다고 판단될 때는 스트레스를 주는 요인을 줄이는 것이 중요하다. 스트레스를 주는 일, 사람, 근무환경을 줄이거나 개선하는 것이 필요하다.

(2) 시간관리를 효과적으로 한다

- 뚜렷한 목표를 설정한다.

- 중요하지 않은 일에 대한 시간을 줄인다.
- 자기계발과 계획에 보다 많은 시간을 할애하여 장기적인 안목을 가지고 일을 추진한다.
- 머뭇거리지 말고 일단 행동을 한다.
- 자세히 모르고 걱정하기보다는 더 많은 정보 수집을 통하여 대안을 마련한다.
- 방해요인을 제거한다.

Gettyimages

▶ 효과적인 시간관리.

(3) 스트레스를 이길 수 있는 신체적인 노력을 기울인다

- 하루에 20분 이상 조깅과 같이 땀을 흘리는 운동을 한다.
- 과음, 과식을 피하고 흡연, 음주를 피한다.
- 커피, 콜라와 같은 카페인 함유량이 높은 음료수나 지나친 당분을 피한다.
- 수면을 충분히 취한다.
- 편안한 휴식 환경을 마련한다.

▶ 체력관리.

Gettyimages

(4) 명상과 이완훈련을 한다

- 하루 중 조용한 시간을 지정하여 묵상, 혹은 명상을 실시한다.
- 편안한 자리에 앉아 눈을 감고 천천히 심호흡을 하면서 마음에서 잡념을 없애도록 노력한다.
- 이완훈련으로 팽팽한 긴장 상태를 풀어준다.

(5) 인간관계의 균형을 유지한다

- 일과 가정의 균형을 유지한다.
- 자신에게 중요한 사람들과는 충분한 시간을 가진다.
- 다른 사람의 마음과 감정을 충분히 개방할 수 있는 오픈마인드를 가진다.
- 도움이 필요할 때는 평소 자신의 일을 의논하는 멘토에게 요청한다.

(6) 자기계발을 꾸준히 하고 긍정적인 생각을 한다

Shutterstock

- 독서를 꾸준히 한다.
- 자신의 전문성을 개발할 수 있는 훈련을 받는다.
- 역할 모델을 설정하고 자신도 그 모델을 닮아갈 수 있도록 노력한다.
- 긍정적인 셀프 토크와 좋은 생각을 하도록 노력한다.
- 현재를 즐긴다.
- 문제를 기회로 본다.

표 7.2 우울증 체크리스트 (Zung's Self-Rating Depression Scale)

각 문항을 읽고 자신이 해당되는 번호에 O표 하시오	전혀 아니다	가끔 그렇다	자주 그렇다	항상 그렇다
1. 나는 매사에 의욕이 없고 우울하다.	1	2	3	4
2. 내가 하루 중 기분이 가장 좋은 때는 아침이다.	4	3	2	1
3. 나는 갑자기 울음을 터뜨리거나 울고 싶을 때가 있다.	1	2	3	4
4. 나는 밤잠을 설칠 때가 있다.	1	2	3	4
5. 나는 전과 같이 식욕이 좋다.	4	3	2	1
6. 나는 요즘 체중이 줄었다.	1	2	3	4
7. 나는 변비 때문에 고생한다.	1	2	3	4
8. 나는 요즘 가슴이 두근거린다.	1	2	3	4
9. 나는 별 이유 없이 자주 피로하다.	1	2	3	4
10. 내 머리는 한결같이 맑다.	4	3	2	1
11. 나는 전처럼 어려움 없이 공부(일)를 할 수 있다.	4	3	2	1
12. 나는 안절부절해서 진정할 수가 없다.	1	2	3	4
13. 나는 매력적인 이성을 보거나 이야기 하는 것이 좋다.	4	3	2	1
14. 나의 미래는 희망적이라고 생각한다.	4	3	2	1
15. 나는 전보다도 더 안절부절 한다.	1	2	3	4
16. 나는 결단력이 있다고 생각한다.	4	3	2	1
17. 나는 사회에 유용하고 필요한 사람이라고 생각한다.	4	3	2	1
18. 내 인생은 즐겁다.	4	3	2	1
19. 내가 죽어야 다른 사람들, 특히 가족들이 편할 것 같다.	1	2	3	4
20. 나는 전과 다름없이 일하는 것이 즐겁다.	4	3	2	1

합계 (　　　　)

[결과]

40~50점	경미한 우울 증세이다.
50~60점	비교적 심한 우울로 심리 치료가 요망된다.
60점 이상	우울 증세가 매우 심각하므로 적극적인 치료가 필요하다.

표 7.3 스트레스지수 확인 목록

항목	그렇지 않다	약간 그렇다	대체로 그렇다	매우 그렇다
1. 쉽게 짜증이 나고 기분의 변동이 심하다.	0	1	2	3
2. 피부가 거칠고 각종 피부질환이 심해졌다.	0	1	2	3
3. 온몸의 근육이 긴장되고 여기저기 쑤신다.	0	1	2	3
4. 잠을 잘 못 들거나 깊은 잠을 못 자고 자주 잠에서 깬다.	0	1	2	3
5. 매사에 자신감이 없고 자기비하를 많이 한다.	0	1	2	3
6. 별다른 이유 없이 불안하고 초조해한다.	0	1	2	3
7. 쉽게 피로감을 느낀다.	0	1	2	3
8. 매사에 집중이 잘 되지 않고 일의 능률이 떨어진다.	0	1	2	3
9. 식욕이 없어 잘 먹지 않거나 갑자기 폭식을 하게 된다.	0	1	2	3
10. 기억력이 나빠져 잘 잊어버린다.	0	1	2	3

자료: 삼성서울병원.

[평가]

- 0~5점: 거의 스트레스를 받고 있지 않음
- 6~10점: 약간 스트레스를 받고 있음
- 11~15점: 비교적 스트레스가 심한 편이므로 스트레스를 줄이기 위한 대책이 필요함
- 16~20점: 심한 스트레스를 받고 있으므로 신체 상태에 대한 정기적인 건강검진과 더불어 스트레스를 줄이기 위한 적극적인 대책이 필요함
- 21점 이상: 매우 심한 스트레스를 받고 있으므로 당장 전문가와 상담이 필요함.

[Tip 스트레스에서 벗어나기 위한 방법]

- 아침에 15분만 일찍 일어나라. (여유 있는 하루가 시작된다.)
- 시간 계획을 짜서 행동(시간관리)하라.
- 책을 가지고 다니면서 틈틈이 읽어라.
- 어려움이 생기면 누구에게든 의논하라.
- 나만의 공간을 찾아라.
- 걱정거리를 머리로만 생각하지 말고 종이에 구체적으로 써 보라.
- 하기 싫은 일을 미루지 마라.
- 충분한 수면을 취하라.
- 땀이 날 만큼 운동하라.
- 위에 나열된 것들을 생활 속에서 실천하라.

제4부

리더들의 자신감 훈련

Shutterstock

제8장

논리적이고 효과적으로 설득하는 리더들의 스피치

Shutterstock

1. 스피치의 개념

말하는 사람이 온몸으로 자신의 생각, 아이디어를 제시하여 듣는 이로 하여금 말하는 사람이 원하는 방향으로 행동하도록 영향력을 행사하는 일련의 과정이다.

1) 스피치를 잘하는 사람이 리더가 된다

리더의 말 한마디가 조직을 살리는 밑바탕이 되기도 하지만 조직을 실패로 이끌 수도 있다. 요즘은 리더가 갖추어야 할 자질 중에 스피치도 매우 중요한 자질 중 하나가 되었다.

리더로 성공하기 위해서는 기본적인 스피치 능력이 있어야 한다. 실력이 없이 말만 잘하는 것도 문제가 있지만 전문 분야에서 전문능력을 갖춘 다음 그것을 언어로 잘 표현하고 잘 전달할 수 있는 사람이 참다운 리더가 되는 것이다.

오늘날은 나라의 대통령을 선출할 때 국민의 알 권리 충족과 유권자의 후보선택권을 보장하는 유용한 검증수단으로 대선 후보 TV 토론회를 한다. 선거에 나오는 후보자들의 능력과 자질, 자신의 비전과 정책에 대한 입장 등을 유권자가 비교 판단할 수 있게 충분한 정보를 제공하자는 취지에서 마련된다. 후보들의 진심이 유권자들에게 잘 전달될 수 있는 논리적인 스피치 능력, 설득력, 품위 있는 말, 상대방의 공격에 대한 자기 통제력 등을 잘 갖추고 있는지 자질과 능력을 평가받게 되는 자리가 되기 때문에 스피치 능력이 매우 중요하다.

미국에서는 오바마 대통령의 당선 이후 오바마의 스피치와 관련된 책들이 가장 많이 팔렸다고 한다. 그의 스피치가 얼마나 진실했고 당선에 어떤 영향을 미쳤는지를 분석한 책들이다.

그의 연설은 스피치 역사에 한 획을 그었다. 한때 정치인이었던 오바마의 아버지는 스피치의 힘에 대해 누구보다 잘 알고 있었다. 그리고 어린 오바마에게 진실이 담긴 말이 사람들의 마음을 어떻게 움직이는지 몸소 보여주었다.

2) 스피치가 사람을 바꾸고 세상을 바꾼다

버락 오바마는 자서전인 '내 아버지로부터의 꿈'을 통해서 청소년 사춘기 시절에 인종 문제로 정체성에 대한 고통과 갈등을 심하게 겪었다고 고백했다. 그의 힘든 어린 시절의 경험과 고통, 내적 갈등과 방황, 고독은 그를 미국 최초의 흑인 대통령이라는 역사적인 자리에까지 오를 수 있게 만든 원동력이 되었다. 그리고 세계 최강의 영혼에 감동을 주는 환상적인 파워스피치의 기초가 되었다.

버락 오바마는 그의 주 무기인 세상을 움직이는 감동적인 파워스피치로 대선 후보 경선인 아이오와 코커스 당원 대회에서 그의 최대 경쟁자였던 힐러리 클린턴 상원의원을 누르고 승리하였다. 그 후 여세를 몰아 슈퍼 화요일에 결정적인 승리를 거두면서 미국 최초로 흑인 대통령의 탄생을 일찌감치 예고했다. 그의 감동적인 세계 최강의 파워스피치에 수많은 청중들이 모인 유세장은 록스타의 공연처럼 "Yes We Can(우리는 할 수 있어요)", "Change We can believe in(우리는 변화를 믿어요)"의 구호가 끊임없이 터져 나왔다.

2. 스피치 준비자세

(1) 자세를 바르게 한다.
(2) 상체의 불필요한 힘을 뺀다.
(3) 어깨 힘을 뺀다.
(4) 복식호흡을 한다.
(5) 허리를 편다.
(6) 엉덩이와 허벅지에 약간 힘을 준다.

3. 스피치 훈련

(1) 인사말을 분명히 하라

(2) 불평, 불만, 비난의 말을 삼가라

(3) '예 / 아니요'를 분명히 하여 주체성을 확립하라

(4) 상대가 말(대화, 연설, 토론)할 때 눈과 귀와 가슴을 열고 경청하라

(5) 윗사람에게 보고할 때는 겸손과 당당함을 함께 갖춰라

결론 → 이유 → 결과 순으로 간결하게 하되 사안이 복잡할 때는 메모 또는 서류로 정리하라.

(6) 칭찬과 격려를 많이 하라

(7) 미소 띤 얼굴로 말하라

(8) 광고의 효과를 활용하라

모든 광고는 장점만을 전달한다. 처음에는 의심하지만 자꾸 반복해서 들을수록 믿게 된다. 긍정적 암시를 계속하며 시너지 효과를 높인다.

(9) 쉽게 말하라

- 가벼운 화제에서 심각한 화제로
- 쉬운 화제에서 어려운 화제로
- 과거에서 현재, 현재에서 미래의 화제로
- 구체적인 화제에서 추상적인 화제로
- 전달하는 화술에서 설득하는 화술로

4. 리더들이 효과적으로 설득하는 연설기법

(1) 서두를 힘차게 시작한다

깜짝 놀랄만한 통계나 유머러스한 인용구로 청중의 주의를 사로잡는다.

(2) 일화, 실례, 증거를 많이 사용한다

청중에게 직접 연관이 되고, 연설의 흐름을 도울 수 있는 것을 구체적으로 드라마틱하게 이야기한다.

(3) 구어체를 사용한다

듣는 사람으로 하여금 친근감을 느낄 수 있도록 일상회화에서처럼 쉬운 단어, 짧은 문장, 반복, 질문 등을 사용한다.

(4) 시각적으로 묘사한다

시각적으로 묘사하면 청중들의 상상력을 자극하여 똑같은 메시지라도 훨씬 강력한 인상을 준다.

(5) 여유있고 편안하게 이야기한다

연사가 여유가 있고, 편안해 보이면 듣는 사람들도 부담이 없다. 연사가 마지못해 이야기하는 것처럼 보일 때, 청중들에게 감동을 주지 못하거나 공감을 받지 못한다.

(6) 긍정적으로 말한다

사람들은 두려움을 자극하는 사람보다는 희망을 주고 용기를 주는 사람을 좋아한다.

(7) 활기차게 말한다

연사는 청중의 분위기를 장악할 수 있어야 한다. 연사가 활기차게 이야기 하는데 지루하게 생각하거나 졸고 있는 사람은 없을 것이다.

(8) 진지하게 말한다

훌륭한 연설은 말로 그치는 것이 아니라는 사실을 입증하기 위해 말 한마디, 한 마디를 진정성 있게 말한다.

(9) 자신 있게 말한다

자기가 말하고 있는 것을 분명히 알고 있다는 인상을 준다. 연사로 초빙되어 확신 없이 말하는 것처럼 청중을 실망시키는 것은 없다.

(10) 청중에게 골고루 시선을 준다

허공이나 원고에 시선을 고정시키거나 한쪽만 쳐다보지 말고 청중 한 사람 한 사람에게 골고루 시선을 분산하며 따뜻한 시선을 보낸다.

5. 발표요령 기준(표 8.1)

1) 서론

(1) 청중의 주의를 끌면서 주제의 배경을 설명한다.

(2) 주제가 청중에게 중요한 이유를 제시한다.

(3) 연설의 목적과 내용(소주제)을 올바르게 표현한다.

2) 본론

(1) 주된 논점을 분명하게 밝힌다.

(2) 접속어를 적절히 사용한다.

(3) 다양한 인용(예화)으로 청중의 이해를 돕는다.

3) 결론

(1) 논점을 분명히 강조해서 요약한다.

(2) 인상적인 끝맺음으로 결말을 짓는다.

표 8.1 스피치 3단 구성

서론(10~30%)	본론(50~80%)	결론(10~20%)
1. 인사(자기소개) 2. 주의 환기 3. 주제 언급 4. 동기부여(의미)	1. 핵심 내용 소개 2. 부연 설명 • 두괄식 • 숫자 • 핵심 키워드	1. 핵심 내용 정리 (의견, 생각, 느낀 점 등) 2. 끝인사

6. 호흡과 발성

(1) 발성이란?

사람들이 소리를 내는 데 필요한 발성 기관을 통하여 만들어 낸 소리가 밖으로 나오는 것을 의미한다.

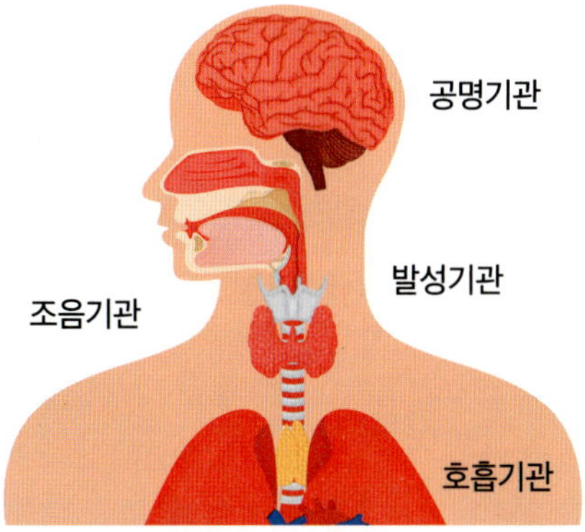

▶ 호흡과 발성기관.

(2) 기본발성

가나다라 발성법

가 나 다 라 마 바 사 아 자 차 카 타 파 하
갸 냐 댜 랴 먀 뱌 샤 야 쟈 챠 캬 탸 퍄 햐
거 너 더 러 머 버 서 어 저 처 커 터 퍼 허
겨 녀 뎌 려 며 벼 셔 여 져 쳐 켜 텨 펴 혀
고 노 도 로 모 보 소 오 조 초 코 토 포 호
교 뇨 됴 료 묘 뵤 쇼 요 죠 쵸 쿄 툐 표 효
구 누 두 루 무 부 수 우 주 추 쿠 투 푸 후
규 뉴 듀 류 뮤 뷰 슈 유 쥬 츄 큐 튜 퓨 휴
그 느 드 르 므 브 스 으 즈 츠 크 트 프 흐
기 니 디 리 미 비 시 이 지 치 키 티 피 히

(3) 연습 포인트

- 발음 전에 입술을 상하좌우로 움직인다.
- 발음할 때에 가능한 입을 크게 벌린다.
- 진한 부분은 강한 악센트를 주어 발음한다.
- 익숙해질 때까지 천천히 확실하게 발음하여 점차적으로 빠르게 연습한다.

어려운 발음 훈련

1. 들의 콩깍지는 깐 콩깍지인가 안 깐 콩깍지인가. 깐 콩깍지면 어떻고 안 깐 콩깍지면 어떠냐. 깐 콩깍지나 안 깐 콩깍지나 콩깍지는 다 콩깍지인데.
2. 간장 공장 공장장은 강 공장장이고, 된장 공장 공장장은 공 공장장이다.
3. 저분은 백 법학박사이고 이분은 박 법학박사이다.
4. 작년에 온 솥 장수는 새 솥 장수이고, 금년에 온 솥 장수는 헌 솥 장수이다.
5. 상표 붙인 큰 깡통은 깐 깡통인가? 안 깐 깡통인가?
6. 신진 샹송 가수의 신춘 샹송 쇼.
7. 서울특별시 특허 허가과 허가과장 허 과장.
8. 저기 저 뜀틀이 내가 뛸 뜀틀인가 내가 안 뛸 뜀틀인가?
9. 앞 집 팥죽은 붉은 팥 풋 팥죽이고, 뒷집 콩죽은 햇콩 단콩 콩죽, 우리 집 깨죽은 검은깨 깨죽인데 사람들은 햇콩 단콩 콩죽 깨죽 죽 먹기를 싫어하더라.
10. 우리 집 옆집 앞집 뒷 창살은 홑 겹 창살이고, 우리 집 뒷집 앞집 옆 창살은 겹 홑 창살이다.
11. 내가 그린 기린 그림은 긴 기린 그림이고 네가 그린 기린 그림은 안 긴 기린 그림이다.
12. 저기 가는 저 상장사가 새 상 상장사냐 헌 상 상장사냐?
13. 중앙청 창살은 쌍 창살이고, 시청 창살은 외 창살이다.
14. 멍멍이네 꿀꿀이는 멍멍해도 꿀꿀하고, 꿀꿀이네 멍멍이는 꿀꿀해도 멍멍하네.
15. 저기 있는 말뚝이 말 맬 말뚝이냐, 말 못 맬 말뚝이냐.
16. 옆집 팥죽은 붉은 팥죽이고, 뒷집 콩죽은 검은 콩죽이다.
17. 경찰청 쇠창살 외 철창살, 검찰청 쇠창살 쌍철창살.
18. 경찰청 철창살이 쇠 철창살이냐 철 철창살이냐.
19. 내가 그린 구름그림은 새털구름 그린 구름그림이고, 네가 그린 구름그림은 깃털구름 그린 구름그림이다.
20. 칠월칠일은 평창친구 친정 칠순 잔칫날.
21. 고려고 교복은 고급교복이고 고려고 교복은 고급원단을 사용했다.
22. 대우 로열 뉴로열.

어려운 발음 훈련 – 계속

23. 한국관광공사 곽진광 관광과장.
24. 생각이란 생각하면 생각할수록 생각나는 것이 생각이므로 생각하지 않는 생각이 좋은 생각이라 생각한다.
25. 김 서방네 지붕 위에 콩깍지가 깐 콩깍지냐 안 깐 콩깍지이냐?
26. 앞뜰에 있는 말뚝이 말 맬 말뚝이냐 말 안 맬 말뚝이냐?
27. 내가 그린 기린그림은 잘 그린 기린그림이고 네가 그린 기린그림은 잘못 그린 기린그림이다.
28. 안 촉촉한 초코칩 나라에 살던 안 촉촉한 초코칩이 촉촉한 초코칩 나라의 촉촉한 초코칩을 보고 촉촉한 초코칩이 되고 싶어서 촉촉한 초코칩 나라에 갔는데 촉촉한 초코칩 나라의 문지기가 "넌 촉촉한 초코칩이 아니고 안 촉촉한 초코칩이니까 안 촉촉한 초코칩 나라에서 살아." 안 촉촉한 초코칩은 촉촉한 초코칩이 되는 것을 포기하고 안 촉촉한 초코칩 나라로 돌아갔다.

▶ 어려운 발음 연습.

Shutterstock

7. 파워스피치를 하기 위한 준비운동

1) 얼굴 스트레칭

발성을 위한 근육이완 운동(스타카토로 짧게 끊어서 연습)

하 하하 하하하 하하하하하하하

헤 헤헤 헤헤헤 헤헤헤헤헤헤헤

히 히히 히히히 히히히히히히히

호 호호 호호호 호호호호호호호

후 후후 후후후 후후후후후후후

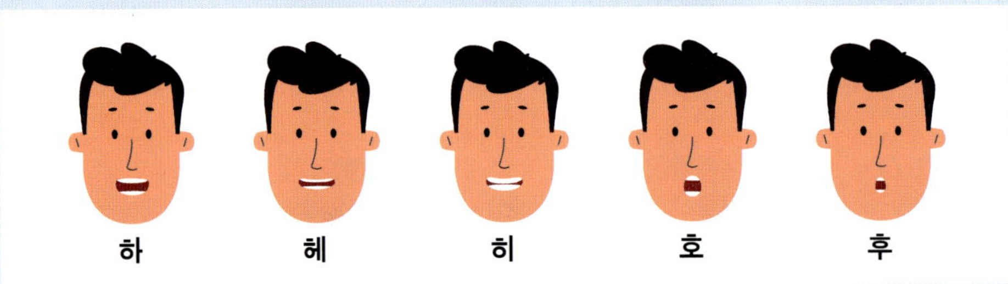

Shutterstock

2) 신뢰와 호감을 주는 음성 개발하기

(1) 복식호흡이란?

복식호흡은 인간의 의지와 호흡의 조절만으로 인체 내부에 기(氣)를 순환하고 강화시키는 수련법이다.

스피치에서의 호흡법은 숨을 들이마시면 배가 자연스럽게 나오고 말을 할 때에는 단전에 힘이 들어가는 복식호흡이 바람직하다. 그러나 현대인들은 가슴으로 얕게 숨을 쉬는 흉식호흡을 해서 빈약하고 조급한 목소리와 짧은 스피치에도 목이 쉽게 쉬는 것을 볼 수 있다. 항상 자신의 호흡을 점검하며 복식호흡을 생활화하여 좋은 음성과 건강을 유지하도록 한다.

(2) 복식호흡의 방법

코로 숨을 들이쉬고 들이쉰 숨을 아랫배의 하단전(배꼽에서 약 4~5 cm)이 되는 부위에 머물게 하고 그 숨을 코를 통해 내놓는다.

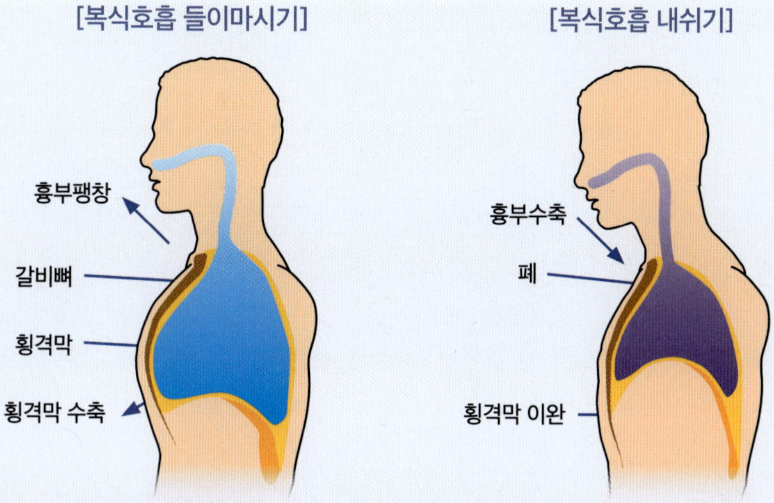

▶ 복식호흡.

- 1단계 호흡: 4초 들이쉼, 4초 내쉼
- 2단계 호흡: 4초 들이쉼, 4초 참음, 4초 내쉼
- 3단계 호흡: 8초 들이쉼, 8초 내쉼
- 4단계 호흡: 8초 들이쉼, 8초 참음, 8초 내쉼
- 5단계 호흡: 15초 들이쉼, 15초 참음, 15초 내쉼

(3) 주의사항

숨을 들이마실 때 어깨가 올라가지 않게 주의한다.

(4) 효과적인 말하기 훈련법

처음부터 끝까지 단조롭게 표현하면 듣는 사람을 지루하게 만들고, 의미전달을 효과적으로 할 수도 없다. 음성의 강약과 높고 낮음, 빠르고 느림이 잘 조화된 언어 표현으로 해야 한다.

(5) 띄어 말하기

글을 쓸 때는 단어 중심으로 띄어 쓰지만 말할 때는 그 의미나 흐름에 맞추어 단위로 묶어서 표현하는 것이 자연스럽다.

(6) 감정이입

화자가 자기의 말에 진심과 열성을 담지 않고 말한다면 결코 청자의 마음을 사로잡을 수 없다. 말할 때 내용과 일치되는 감정을 목소리와 표정에 담아야 한다.

제9장

리더들의 자신감 훈련 및 발표

Gettyimages

1. 자신감 훈련

자신감이 없기에 못하는 것이 아니라, 제대로 시도하지 않기에 자신감이 없는 것이다. 타고난 행동가들이 있다. 그들은 몇 번의 실패를 실패로 여기지 않는다. 실패의 교훈을 피드백 삼아 점점 더 나아지는 것을 느끼며 다시 시도한다. 그리고 결국에는 원하는 성공을 이루어 내는 것이다. 주변인들은 그런 그들의 확신에 찬 행동을 보고 자신감 있는 사람이라 평하기를 좋아하는 것이다.

당신이 진정으로 자신감을 가지기를 원한다면, 반복된 연습과 훈련을 통해 그것을 이루어 내라. 자신감은 바로 그렇게 만들어가는 것이다.

1) 심리적 안정감

스피치는 다른 사람을 대상으로 하고 한정된 시간 내에 전하고자 하는 말을 끝내야 한다는 시간 제약과 목적을 달성해야 한다는 심리적 부담 때문에 정신적인 구속이 가해진다. 또한 실수하지 않고 잘해야 한다는 부담감으로 불안, 초조, 긴장 등이 고조되기도 한다. 이러한 심리적 갈등을 어떻게 극복하느냐에 따라 스피치의 성패가 좌우되므로 심리적 안정감은 무엇보다 중요하다.

토론토 대학, 연구보고서에 이런 내용이 있다. "세상에서 가장 큰 공포는?" 이란 주제로 조사를 한 적이 있다. 조사한 내용은 아래와 같다.

- 사람 앞에서 말하기 41%
- 고소(高所)공포 32%
- 금전문제 22%
- 깊은 물 22%
- 죽음 19%
- 질병 19%
- 어두움 8%

자료: 토론토 대학, 연구보고서.

Shutterstock

▶ 고소 공포증.

이 공포는 서양이나 동양이나 일맥상통하는 내용일 것이다. 사람은 일상적인 대화는 누구나 가능하며, 쉽게 편하게 할 수 있다. 하지만 대중 앞에서 말하기란 그리 쉽지가 않다. 그렇다면 대중 앞에서 공포를 해결할 수 있는 방법은 무엇이 있을까?

발표 불안을 없애는 것이 아니라 불안하게 하는 요인에 익숙해지게 하는 것이다. 매 순간 경험하여 이를 토대로 나의 아쉬운 점을 알고 당당하게 자신감 있게 해야 한다.

2) 효과적인 전달능력

미국의 심리학자 메라비안에 의하면 같은 말이라도 목소리에 따라 의사전달 효과가 38%나 좌우된다고 하며, 하버드 대학에서 연구 · 조사한 바에 따르면 청중의 80% 이상이 말하는 사람의 목소리만으로 그의 신체적, 성격적 특성을 규정짓는다고 했다. 목소리는 연사의 이미지를 결정짓는 중요한 요소가 되며, 나아가 의미전달 효과에도 큰 영향을 미치게 된다.

2. 발표 시 자세 및 순서

Gettyimages

1) 등단하는 법

등단하기 전 복장을 점검하고 머리를 손질하며 단정한 모습을 보이도록 한다. 발표에 적합한 의상을 갖추는 것은 청중을 위한 기본예의이다.

격식이 있는 곳에서는 정장을 입고 편안함을 보여야 할 곳에서는 굳이 정장을 입지 않아도 좋다. 걸음걸이도 균형 있고 자신감이 있어야 한다. 등단을 두려워하는 자신 없는 자세나 경직된 자세, 경망스런 느슨한 자세도 피해야 한다. 연단이나 마이크에 이마가 부딪치지 않도록 한 발 뒤로 물러선 다음 공손하게 예의 바른 자세로 인사한다.

2) 연단에서의 태도

인사를 한 후 서둘러 말을 시작하기 보다는 잠시 동안(1~3초) 자연스럽게 청중을 둘러보는 것도 좋다. 연단에서의 자세는 항상 연단 중앙에서 주먹하나 정도의 거리를 유지하고 양발을 어깨 넓이 보다 약간 좁게 벌리는 것이 좋다. 그리고 체중을 양발에 균형 있게 싣는다. 허리와 어깨를 곧게 펴고 머리를 똑바로 든 자세를 취하는 것이 청중들에게 시각적인 믿음을 준다. 고개는 목을 누르거나 너무 들지 말고 자연스럽게 정면을 향한다.

그리고 두 손을 편안한 자세로 연단에 가볍게 올려놓은 것은 무방하나 연단을 잡고 몸을 의지하는 것은 좋지 않다. 제스처를 사용할 때를 제외한 나머지는 바지 봉제선에 가볍게 내려놓는다.

3) 연단에서의 표정

스피치할 때는 안정적이면서 진지한 표정과 정중한 자세를 취하면서 살짝 미소를 머금은 표정은 청중에게 편안함을 준다. 얼굴 표정은 스피치 내용과 상황에 따라 적절히 바꾸어 나가는 것이 좋다. 즐거운 이야기를 할 때는 즐거운 표정을, 심각한 이야기를 할 때는 진지한 표정을 한다.

4) 바람직한 시선 처리

가장 바람직한 시선 처리는 개개인의 눈을 자연스럽게 따뜻한 시선으로 바라보면서 스피치를 하는 것이다. 청중을 정면으로 바라보지 못하고 좌우나 위아래를 자주 쳐다보는 행동은 심리적으로 불안하다는 것을 스스로 시인하는 모습이 된다. 시선은 한곳에 집중하는 것이 아니라 골고루 바라봐 주어야 한다. 시선을 한곳에만 고정시키지 말고 청중에게 골고루 배분하도록 한다.

효과적인 시선처리법

- 한 사람, 한 사람씩 눈을 마주치면서 약 2~3초 정도로 이야기하듯 편한 시선을 주도록 한다.
- 전 청중들을 대상으로 시선을 골고루 바라본다.
- 목으로 청중을 보지 말고 몸을 돌려 청중들에게 시선을 준다.
- 급하게 서두르지 말고 천천히 청중들에게 시선을 준다.

5) 제스처

'몸은 입보다 더 많은 말을 한다' 는 이야기가 있다. 스피치에 있어서 제스처(gesture)는 중요하다. 제스처는 보디랭귀지로서의 직접적인 강조의 수단이 되기도 하고, 때로는 간접적인 의사보충 효과를 나타내기도 한다. 연사가 제스처를 잘 구사하면서 청중에게 강한 인상을 남겨 연설의 효과와 이미지를 높이는 데 큰 몫을 하게 되므로 평소에 좋은 제스처를 연습해 두는 것이 좋을 것이다.

제스처의 올바른 사용법

- 진실하고 자연스러워야 한다.
- 크고 힘차야 한다.
- 간단하면서 절도 있게 사용한다.
- 상황에 맞게, 말의 내용과 일치해야 한다.
- 시선 처리는 항상 제스처의 방향을 따라한다.

Gettyimages

(1) 한 손을 펼쳐 올린 제스처

- 희망적인 미래를 이야기할 때 적절하다.

pxhere, Available by CC0

(2) 과감한 인사 제스처

- 청중이 대규모일 때 적절하다.

Zhang Jun, Zuma Press, NTB scanpix

(3) 두 팔을 크게 벌린 제스처

- 포용과 화합의 제스처로 분위기를 밝게 만든다.

Shutterstock

(4) 검지 손가락을 강하게 들어 올린 제스처

- 강력한 의지를 표명할 때 쓴다. (주먹을 쓰는 것보다 덜 공격적이면서도 강력하다.)

Shutterstock

Shutterstock

(5) 부드러움을 주는 제스처

- 편안하게 설명할 때 부드러워 보인다.

Center for American Progress Action Fund from Washington, DC. Available by CC 2.0

6) 하단하는 법

말을 다했으니 스피치가 끝났다고 생각하는 것은 잘못된 생각이다. 흔히 하단할 때는 긴장이 풀린 다음이라 흐트러진 태도를 취하는 경우가 많은데 등단할 때의 반대로 공손히 인사하고 자연스럽게 내려와야 한다. 하단까지 완전히 마치고 자기자리에 돌아오는 것이 스피치의 끝이다. 뒷모습도 아름다워야 명품 스피치라고 할 수 있다.

사례

명품 스피치의 예 (미국 링컨 대통령)

"나는 아버지의 아들입니다."

링컨 대통령의 아버지, 토머스 링컨은 1637년 영국에서 이민 온 직공의 후예로 신발 제조공이었다. 링컨이 대통령에 당선되었을 때 그 사실을 알게 된 상원의원들은 매우 큰 충격을 받았다. 대부분 고학력에 명문 귀족집안 출신이었던 상원의원들은 신발 제조공 집안 출신에다가 제대로 학교도 다니지 못한 링컨 대통령 밑에서 일해야 한다는 것이 몹시 불쾌한 상황이었다.

링컨이 연단 앞에 서서 막 입을 열려 할 때 거만해 보이는 한 상원의원이 일어나 링컨을 향해 말했다.

"당신이 대통령이 되다니 놀랍소. 그러나 당신의 아버지가 신발 제조공이었다는 사실을 잊지 마시오. 가끔 당신의 아버지가 우리 집에 신발을 만들기 위해 찾아오곤 했소. 이 신발도 바로 당신의 아버지가 만든 것이오."

말을 마친 상원의원은 조롱하듯이 자기 신발을 내려다보았다. 여기저기서 킥킥거리는 웃음소리가 새어나왔다. 그러나 링컨은 조용히 서 있었다. 키가 훤칠하게 큰 링컨의 몸집은 조금도 흔들리지 않았다. 그러나 그의 눈엔 눈물이 가득 고였다. 그것은 부끄러움의 눈물이 아니었다.

링컨은 단호한 목소리로 말했다.

"고맙습니다. 의원님 때문에 한동안 잊고 있던 제 아버지의 얼굴이 기억났습니다. 제 아버지는 신발 제조공으로 훌륭한 솜씨를 가지신 분이셨습니다. 나는 아버지를 능가할 수 없습니다. 다만, 아버지의 위대함을 따라잡으려고 노력할 뿐이었습니다. 나의 아버지는 많은 귀족들의 신발을 만드셨습니다. 이 자리에 모이신 분들 중엔 내 아버지가 만드신 신발을 신으신 분들도 계실 것입니다. 만약 신발이 불편하다면 제게 말씀해 주십시오. 아버지의 기술을 옆에서 보고 배웠기에 조금은 손봐드릴 수 있습니다. 나는 아버지의 아들입니다. 내 아버지가 만드신 신발을 최선을 다해 고쳐드리겠습니다. 물론 제 솜씨는 돌아가신 아버지에게 비교할 수 없습니다만…… ."

상원 회의장은 무거운 침묵으로 가라앉았다. 겸손과 정의와 애국적 신념을 가진 역사 속의 미국 대통령 링컨이 주는 감동은 오래오래 남아 있을 것이다.

Gettyimages

출처: 뉴스 21통신, 2021.03.31. 등록, 칼럼/오피니언 재구성.

사례

링컨의 게티스버그 연설

▶ 링컨의 게티스버그 연설. Shutterstock

87년 전 우리의 조상들은 이 대륙에서, 자유 속에서 잉태되고, 모든 사람은 평등하게 창조되었다는 명제를 헌정하는 하나의 새로운 나라를 탄생시켰습니다.

지금 거대한 내전(남북전쟁) 중에 있는 이 나라가, 혹은 그렇게 잉태되고 봉헌된 어떤 나라가, 얼마나 오랫동안 존재할 수 있는지 없는지를 시험 받고 있습니다.

우리가 모인 이 자리는 이 남북전쟁에서 가장 치열했던 전쟁터입니다. 우리는 이 나라의 존속을 위해 그들의 목숨을 바친 사람들에게 마지막 안식처가 될 수 있도록 이 땅의 일부를 헌납하고자 이곳에 왔습니다. 이것은 우리가 전적으로 반드시 해야만 하는 적절하고 합당한 일입니다. 하지만 더 큰 의미에서, 우리는 헌신할 수 없습니다. 우리는 신성하게 할 수 없습니다. 우리는 성화할 수 없습니다. 이 땅을(의역: 이 땅을 봉헌하고 축성하며 신성하게 할 수 있는 사람들은 우리가 아닙니다.) 용감한 사람들, 이곳에서 싸웠던 생존자들과 전사자들이 우리의 부족한 힘으로 더하거나 뺄 것이 없이 이곳을 신성하게 만들어 놓았습니다.

세상은 우리가 말한 것을 별로 주목하지도 않고, 오래 기억하지도 않을 것입니다. 하지만 그들이 이곳에서 행한 일은 결코 잊혀지지 않을 것입니다.

살아 있는 우리들은 이곳에서 싸운 그들이 고귀하게 매진해온 미완성의 과업에 헌신해야만 합니다. 우리는 우리 앞에 남겨진 위대한 과업을 위해 헌신해야 합니다. 그들은 최후까지 모든 것을 헌신했고, 이러한 명예로운 죽음 앞에 우리는 더욱 헌신해야 합니다. 이 전사자들의 죽음이 헛되지 않도록 이곳에 있는 우리는 고귀한 결의를 해야 합니다.

이 나라가, 하나님 아래서, 자유의 새로운 탄생을 맞이하기를 그리고 국민의, 국민에 의한, 국민을 위한 정부는 이 땅에서 소멸되지 않아야만 합니다.

출처: 1863년 11월 19일, 링컨의 게티스버그 연설문 번역.

제5부

리더들의 자기 관리의 표현, 이미지 메이킹

제10장
이미지

Gettyimages

1. 이미지의 개념

이미지(image)는 어떤 사물에 대하여 마음에 떠오르는 직관적 인상 또는 어떤 사물이나 사람에게서 받는 인상으로 그 사람에 대해 자기 나름의 생각, 취향에 따라 편집하고 만드는 생각이다. 나의 이미지는 '타인이 보고 느낀 나의 모습'이다. '타인의 얼굴에 비친 나의 모습'인 이미지는 나의 입장에서 말하면 '내가 타인에게 공개하도록 선택한 나의 부분의 총체'라고 할 수 있다. 내가 의식하지 못하는 상태에서 보이도록 방치했든, 내가 의도적으로 전달하고자 하는 이미지를 선택적으로 보여주었든 나의 '이미지'는 상대방에게 심어지는 것이다.

이미지란?

닮다	그리스어 *elkon*로 '성상', '상'이라는 뜻
모방하기	라틴어로 *imago*
심상	마음속에 그려지는 사물의 감각적 영상

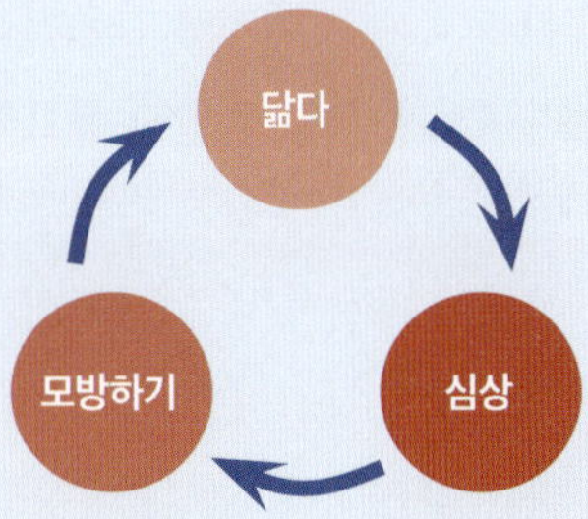

지극히 주관적인 개개인의 생각 속에 존재하는 나의 모습, 나의 이미지는 어쩌면 나의 실제의 모습보다 더 강력하게 나의 삶에 영향을 주고 있는지 모른다. 그렇기 때문에 나는 내가 원하는 방식으로 타인에게 나의 이미지가 전달될 수 있도록 내가 보여주고 싶은 나의 이미지를 선택하고 창출할 수 있어야 한다. 내가 예절 바른 사람이 되고자 한다면 다른 사람들에게 예절 바른 사람이라는 나의 이미지가 심어져야 하기 때문이다.

2. 이미지의 구성

좋은 이미지를 형성하는 요인에는 인간미, 정성스러운 마음, 깊은 관심, 신뢰감, 겸손함, 역지사지로 상대방을 배려하는 태도, 매너 있는 행동, 청결한 외모, 온화한 말씨 등이 있다.

1) 이미지의 종류

이미지는 내적 이미지(personality, 인성)와 외적 이미지(appearance, 외모)로 구성된다. 내적 이미지는 가치관, 신념, 이상, 지적 수준을 반영하며 외적 이미지는 용모, 복장, 태도, 표정, 메이크업, 자세에 의해 표현된다.

내적인 이미지에서 풍겨지는 인성과 외적으로 사람들에게 보여지는 것에 상대방의 인식이 더해져서 만들어진 나의 인상이 곧 이미지인 것이다. 즉, 나의 이미지는 '타인이 보고 느낀 나의 모습'이다.

2) 내적 이미지 확인 목록(A)

1. 현재의 내 이미지에 만족하는 편이다.
2. 나에게 뚜렷한 희망과 목표가 있다.
3. 나쁜 습관보다 좋은 습관을 더 많이 가지고 있다.
4. 상대가 나를 어떻게 생각할까 늘 의식한다.
5. 매사에 긍정적이고 적극적이다.
6. 나는 감정적이기보다 이성적이다.
7. 서점에 가면 꼭 자기 계발서나 성공스토리를 다루는 코너를 찾는다.
8. 잔잔한 클래식 음악을 들으며 책 읽는 것을 즐긴다.
9. 각종 문화행사에 대한 관심이 많아서 즐겨 찾는다.
10. 분노를 느낄 때 심호흡을 하며 흥분을 가라앉힌다.
11. 눈치(이해력과 판단력)가 빠른 편이다.
12. 무력감과 우울증에 빠져 있는 시간이 짧다.
13. 자동차나 전철 속에서 성공한 미래의 내 모습을 자주 그린다.
14. 매일 짧게라도 명상을 한다.
15. 사람들을 만나는 것이 즐겁고 대인관계도 원만하다.
16. 나에게 말한 계획은 반드시 지키려고 노력한다.
17. 항상 메모하는 습관을 가지고 있다.
18. 스트레스가 쌓이면 영화를 보거나 좋아하는 운동을 한다.
19. 컴퓨터 앞에 있는 시간이 즐겁다.
20. 생각하고 고민하는 것보다 먼저 행동으로 옮긴다.
21. 시간 약속을 잘 지키는 편이다.
22. 친구와 쓸데없는 수다를 떨고 나면 시간이 아깝다는 생각이 든다.
23. 하루의 수면 시간은 다섯 시간 내외이다.
24. 내 사전에 심심하고 무료한 시간이란 있을 수 없다.
25. 나에겐 이미지 모델이 있다(내가 닮고 싶어 하는 인물이 있다.).

3) 외적 이미지 확인 목록(B)

1. 대체로 나의 외모에 만족한다.
2. 거울이 있으면 습관적으로 몸 전체의 표정을 쭉 훑어본다.
3. 나보다 매력적인 사람을 만나면 그 사람의 외적 이미지를 유심히 관찰한다.
4. 평소 잘 웃는 편이다.
5. 사람을 처음 만날 때 웃으면서 악수할 수 있다.
6. 직장 상사로부터 꾸중을 들을 때 멋쩍은 미소를 띤다.
7. 사람들 앞에 나서는 것이 결코 두렵지 않다.
8. 화장을 자연스럽게 잘 하는 편이다(남자는 면도를 제대로 잘하고 다닌다.).
9. 얼굴에 트러블이 생기면 재빨리 피부과에서 진료를 받는다.
10. 체중이 불어나면 그 즉시 식사량 조절에 들어간다.
11. 피부색에 어울리는 컬러를 알고 체형의 결점을 커버하는 패션 감각을 가지고 있다.
12. 튀는 패션 컬러와 스타일을 좋아하며 상황에 맞는 옷을 입을 줄 안다.
13. 깔끔하고 단정한 패션스타일을 좋아하며 상황에 맞는 옷을 입을 줄 안다.
14. 상사를 만날 때 검은색 옷(양복)을 입지 않는다.
15. 여러 종류의 스카프(넥타이)를 가지고 있다.
16. 귀고리, 목걸이, 반지, 팔지 등의 액세서리를 한꺼번에 다 착용하지 않는다.
17. 자세는 구부정하지 않고 반듯하며 걸음걸이가 당당하다.
18. 몸짓과 제스처는 우아하고 품위가 있다.
19. 인사성이 좋고 친절하다.
20. 상대방을 배려하는 습관이 몸에 배여 있고 공중도덕을 잘 지킨다.
21. 내 목소리가 상대에게 거부감을 주지 않는지를 늘 의식한다.
22. 교양 있는 말투로 겸양어를 자주 사용한다.
23. 상대의 말을 잘 듣는 편이다.
24. 대화할 때 상대의 눈을 쳐다본다.
25. 음식을 깨끗하게 먹고 쩝쩝 소리 내지 않는다.

4) 평가 결과

(1) I 영역 - A, B가 각각 12~25

내적 이미지와 외적 이미지 모두에 관심이 대단히 많은 편이다. 또한 삶에 대한 의욕도 대단히 강하고, 자신만의 개성을 지속적으로 잘 개발한다면 원하는 바를 무엇이든 이룰 수 있다.

(2) II 영역 - A: 12~25, B: 12미만

내적 이미지의 가치를 중요시 여기는 편이다. 때로는 외적 이미지를 추구하는 사람들에게서 우월감을 느낄 때도 있다. 그러나 생각을 바꾸지 않으면 안 된다. 스스로 이런 생각만 고치면 무엇이든 받아들일 수 있는 잠재력을 지닌 사람이다. 지금부터 외적 이미지에 눈을 돌리면 빠른 속도로 외적 이미지의 개선효과를 볼 수 있다. 지성에 걸맞은 외적 이미지가 구축된다면 너무나 매력적인 사람이 될 것이다.

(3) III 영역 - A, B 각각 12미만

내적 이미지와 외적 이미지 모두 관심이 부족한 사람이다. 무슨 일을 해도 잘 되지 않는다는 패배의식을 가지고 있으며 자신감이 부족하여 매사에 소극적인 사람이다. 먼저 행동하면서 외적 이미지를 구축하다 보면 어느새 내적 이미지마저 강화된 모습을 발견하게 될 것이다.

(4) IV 영역 - A: 12미만, B: 12~25미만

외적 이미지에 대한 관심은 많으나 자신에게 맞는, 즉 만족할 만한 외적 이미지를 찾지 못하여 내적 이미지의 강화 효과를 보지 못하는 사람이다. 좀 더 전략적 차원에서 외적 이미지를 추구할 필요가 있다. 그러면 자신감을 끌어내어 점차 내적 이미지를 강화할 수 있다. 약간만 노력하면 성공할 가능성이 높은 사람이다.

3. 이미지와 첫인상의 상호관계

첫인상이란? 사물이나 사람에게서 처음으로 느껴지는 인상으로 알버트 메라비안(Albert Mehrabian)에 따르면 어떤 사람에 대한 지각은 시각적 정보와 청각적 정보, 그리고 대화의 내용에 따라 결정된다고 한다. 그에 따르면 사람의 첫인상은 표정, 자세, 동작, 외모 같은 시각적인 이미지(보디랭귀지-55%), 음성의 고저, 톤 같은 청각적 이미지(목소리-38%), 말의 내용(7%)에 의해 결정된다는 것이다.

이것은 점점 더 인간관계가 복잡해지고 교제 기간이 짧아지면서 대화 내용보다는 시각적, 청각적 이미지의 영향이 더 커지고 있다는 의미이다.

첫인상의 형성요소

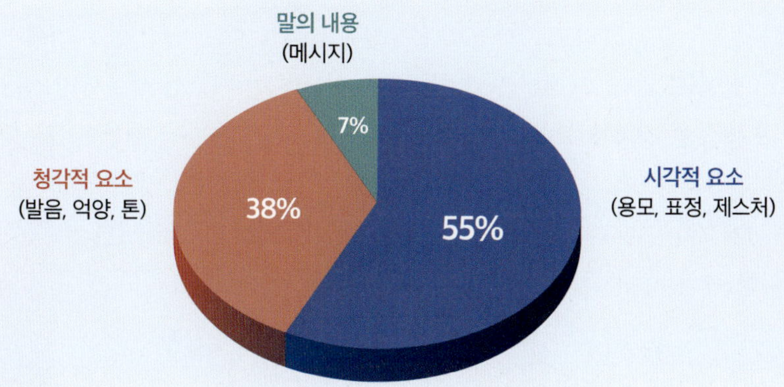

사람의 이미지 형성에서 가장 중요한 것이 첫인상이다. 학자에 따라서 6~7초 안에 사람의 이미지가 결정된다고 하는 사람도 있지만, 고든 올포트(Gordon Willard Allport)는 그의 대인 지각 이론에서 일반적인 사람들은 만난 지 30초 동안에 처음 만난 상대의 성별, 나이, 체격, 직업, 성격, 깔끔함, 신뢰감, 성실성 등을 어느 정도 평가할 수 있다고 했다.

▶ 첫인상은 지속적으로 대인관계에 영향을 미치게 된다

처음 만남에서 상대방의 기대보다 약간 높은 이미지를 심어주게 되면 첫인상이 좋아 보이고, 기대보다 낮은 이미지를 갖게 했을 때는 만회하는 데 많은 시간과 노력이 소요된다. 그래서 첫인상을 관리하는 일은 아주 중요하다. 첫 만남에서 매력적이고 좋은 인상을 주지 못하면 그 이상의 관계가 어렵기 때문이다. 첫인상이 형성될 때는 부정성 효과와 초두 효과, 후광 효과, 인지적 구두쇠 효과가 작용한다.

Gettyimages

4. 첫 인상이 형성될 때 나타나는 네 가지 효과

1) 부정성 효과

긍정적인 특성보다 부정적인 특성(예를 들어 '표정이 딱딱하다', '거만하다')이 그 사람을 평가하는 데 더 많은 영향을 준다는 것이다, 그러므로 단점보다 장점이 많아도 어떤 단점 한 가지에 의해 전체적인 평가가 부정적이 될 수도 있다. 그래서 누군가를 처음 만날 때는 사소한 부분까지 신경 써서 긍정적인 부분만 보이도록 하는 것이 중요하다.

Gettyimages

2) 초두 효과

먼저 제공된 정보가 나중에 제시된 정보보다 더 큰 영향력을 발휘하는 것을 말한다. 좋은 첫인상을 주려면 처음 만났을 때 가능한 한 자신의 장점을 부각시키도록 해야 한다.

Shutterstock

3) 후광 효과

Gettyimages

어떤 것을 평가하는 경우 일부분의 특성에 주목하여 전체 평가에 영향을 주는 심리적 경향을 말한다. 한 사람이 가지고 있는 특정한 장점 때문에 다른 것들도 긍정적으로 보이는 효과라고 볼 수 있다. 학력이나 집안 내력 등 그 사람이 가지고 있는 물건과 배경에 의해 후광효과가 나타날 수 있으며 어떤 사람의 외모에 호감을 가지고 있으면 그 사람의 지능이나 성격까지 좋게 평가될 수 있다.

4) 인지적 구두쇠 효과

사람들이 인상 형성에서 뿐만 아니라 전반적으로 세상을 판단할 때 가능하면 노력을 덜 들이면서 결론에 이르려고 하는 경향이 있는데 이 속성을 '인지적 구두쇠'라고 한다. 만약 '사실 난 알고 보면 좋은 사람인데'라고 스스로를 생각하는 사람이 있다면 그 생각을 바꿔서 첫인상으로 승부할 수 있는 방법을 찾아보는 것이 효과적이다. 타인은 우리에게 여러 번 기회를 주지 않는다.

pixabay_cc

▶ 인지적 구두쇠(cognitive miser).

Worksheet

1. 나의 첫인상은 어떠했는지 주위 사람들의 의견을 들어보세요.

2. 후광효과를 본 사람들의 특징은 어떤 것이 있는지 적어 보세요.

3. 첫인상이 왜 중요한지 설명해 주세요.

제11장
이미지 메이킹

1. 이미지 메이킹의 개념

이미지 메이킹(Image making)이란 타인에게 비쳐지는 자신의 모습, 즉 '이미지'를 멋있고, 개성 있게 연출하여 좋은 인상을 만들어가는 방법이다.

이미지 메이킹이란 없는 것을 있는 것처럼 가장하거나 추한 것을 덮어서 겉만 멋지게 포장하는 것이 아니다. 나의 '본질을 가장 잘' 나타내고자 하는 것이다. 내 안에 내재된 것들 가운데 숨은 아름다움과 잠재된 능력을 계발하여 최상의 모습을 나타내도록 하는 것이다. 그러기 위해서 단점을 보완하고 장점을 최대한 살려서 대인관계뿐 아니라 모든 사회생활에서 나의 진가를 세상에 알리자는 데 목적이 있다. 타인에게 좋은 인상을 보여준다면 신뢰를 얻을 수 있고 일반적으로 심리적, 사회적 지원들을 얻을 가능성도 높아진다.

나의 이미지에 대한 평가는 타인이 하지만 그 모습을 연출하는 것은 자신이다. 누구나 좋은 이미지를 갖고 싶어 하지만 좋은 이미지는 하루아침에 이뤄지는 것이 아니다. 인격을 완성시키는 일이 평생의 과제인 것처럼 이미지 메이킹도 평생에 걸쳐 꾸준한 자기 관리를 통해 이루어 나가야 한다.

나의 이미지

- 내가 생각하는 나의 이미지
- 타인이 생각하는 나의 이미지
- 내가 바라는 나의 이미지

Gettyimages

▶ 나의 이미지.

▶ 이미지 메이킹을 잘하려면 먼저 내면의 자아존중감(self-esteem)이 높아야 한다

자존감이란 자신의 자아를 정확하게 인정하고 수용하고 존중할 수 있는 능력을 의미한다. 자아를 수용한다는 것은 자신의 장단점을 있는 그대로 받아들이는 것이다. 자신의 있는 모습 그대로 받아들일 수 있는 사람을 자아가 건강한 사람, 자존감이 높은 사람이라고 인식하며 자신의 모습을 실제보다 낮게 받아들이는 사람을 열등감이 있는 사람, 실제보다 높게 받아들이는 사람은 우월감이 있는 사람이라고 평가한다. 열등감이나 우월감이 있는 사람은 자신을 받아들이는 방식은 다르지만 살펴보면 자신을 수용하지 못하는 사람이란 점에서 모두 자존감이 낮은 사람이라고 할 수 있다. 자존감이 높은 사람은 자신을 자신 있게 표현할 수 있으므로 자신의 장점을 긍정적으로 표현할 수 있게 된다.

2. 얼굴 디자인

Gettyimages

"사람이 마흔이 되면 자신의 얼굴에 책임을 져야 한다."라고 링컨 대통령은 말했다. 얼굴에는 약 70~80개의 근육이 있고 그 근육을 이용하여 7,000가지 이상의 표정을 만들어 낼 수 있다. 이 여러 표정 중에 가장 호감을 주는 표정은 미소를 담은 표정이다. 표정이 어두우면 잘생긴 사람도 호감을 얻기가 쉽지 않고 대인관계에서도 어려움이 있을 수 있다.

1) 밝은 표정의 원칙

(1) 밝은 낯으로 사람을 대하여야 한다는 원칙이다

"그 누가 웃는 얼굴에 침을 뱉으랴." 웃는다는 것은 상대방이 좋으며, 얘기가 재미있다는 증거가 된다. 인간관계에 미소처럼 좋은 약은 없다.

(2) 좋은 표정 만드는 생활 수칙

① 미소를 생활화하자

- 상대방을 진심으로 좋아하려는 노력을 의식적으로 기울인다.
- 사람과 사물에 대해서 의도적으로 긍정적인 면을 찾아본다.

② 제대로 잘 웃는 방법을 익히자

- 양쪽 눈꼬리를 연결하는 선과 입 모양이 역삼각형을 이룰 때 가장 아름답다.
- 입꼬리를 최대한 귀밑까지 끌어올리며 웃는다.
- 때로는 큰 소리로 웃어 얼굴 근육을 크고 유연하게 만든다.

스마일 라인(Smile Line)

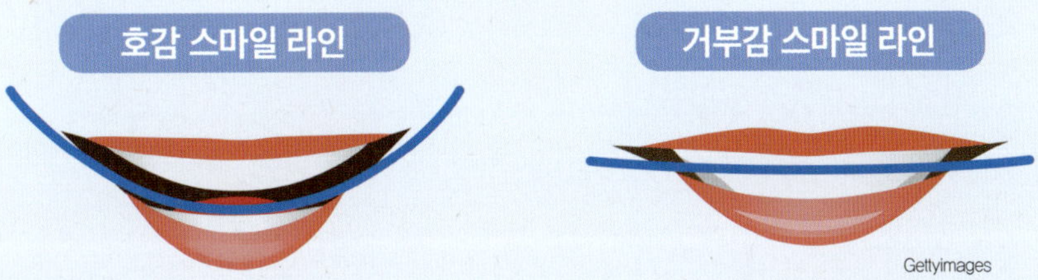

웃음의 플러스 효과

- 전염 효과
- 여유로움의 표현
- 습관의 법칙
- 운동의 효과 (일일 크게 3번 웃음 = 조깅 30분)
- 수명연장의 효과 (5초의 웃음 = 2일 수명연장)
- 외모에 대한 자신감

"미소는 마음의 창이며, 리더의 기본 조건이다."

③ 맑고 선한 눈매를 만들어라

- 눈을 뜨고 눈동자를 좌우로 열을 세면서 둥글게 5~6회 굴린다.

④ 부드럽고 안정적인 눈매 만들기 연습을 하자

- 얼굴은 움직이지 말고 시선만 오른쪽 옆으로 옮겨 본다.
- 시선을 오른쪽으로 옮기기 전에 앞쪽 아래를 내려다본다.

⑤ 활기찬 표정을 위해 얼굴 근육을 올려라

- 얼굴 근육은 나이가 들수록 탄력을 잃고 아래로 쳐진다.
- 얼굴 턱과 양쪽 귓가 사이에 양손을 받치고 양쪽 눈썹 위쪽으로 얼굴을 밀어 올린다.
- 수시로 자주 웃으면 얼굴 근육이 자연스럽게 올라간다.

⑥ 자기 전 하루 반성의 시간을 가져라

- 나와 다른 사람에게 얼마나 성의를 다했는가를 반성하고 내일을 계획하며 온화한 표정으로 잠든다.

⑦ 화가 나거나 불만스러울 때는 심호흡을 하고 '아, 에, 이, 오, 우'를 크게 반복하라

- 거울을 들여다보면서 자신이 만들 수 있는 표정을 다양하게 만들어 보고는 표정을 찾아낸다.

Gettyimages

사례

'잡보장경(雜寶藏經)'이란 불경에 나오는 말 중, 남에게 베푸는 데에는 많든 적든 간에 재물이 드는 법인데, 재물 없이도 베풀 수 있는 일곱 가지 보시인 무재칠시(無財七施)가 있다.

안시(眼施): 눈은 마음의 창이다. 눈의 표정으로 사랑의 표시를 하여 어루만져 준다.

안시(顔施): 온화한 얼굴빛으로 항상 반갑고 즐겁고 기쁜 표정으로 상대방을 대해 준다.

언시(言施): 부드럽고 다정한 말로 상대방을 감동시키고 즐겁게 한다.

이시(耳施): 상대방이 말을 할 때는 끝까지 들어주고 이해하고 공감하여 말할 의욕을 돋우어 준다.

신시(身施): 손을 잡아주고 악수하고 가볍게 두드려주고 안아주어서 즐거운 마음이 우러나오게 한다.

Gettyimages

향시(香施): 아름다운 향기로 기분 좋게 해주며 거부감을 없애고 향기를 따라 오게끔 친근감을 만든다.

심시(心施): 마음을 열어 비우고 양보하는 마음으로 사랑의 마음이 우러나오게 한다.

이 중에서 그 첫째가 얼굴로 베푸는 웃음이다.

미국의 빌 클린턴 전 대통령의 어머니인 버지니아 클린턴 켈리는 나이트클럽에서 남성들과 자주 사귀었고 5번 결혼했으며, 불행한 결혼생활 속에서도 잔정과 융통성이 많았으며 유머가 넘쳤다고 한다. 간혹 의붓아버지가 아들을 때리면 맞서 싸우는 등 자식 사랑은 남달랐다고 한다.

그런 여건 속에서도 아들에게 세 가지 불가(不可)를 가르치며 생활의 어려움을 극복하도록 했다고 한다.

"절대 포기하지 마라. 항복하지도 마라. 웃는 걸 두려워하지 마라." 라며 웃는 것을 중요하게 생각했다.

웃음은 웃는 사람 자신에게 여유를 갖게 하며, 타인에게도 좋은 이미지를 줄 수 있으며 스트레스를 줄이고 자존심을 높여주며 건강한 신체를 갖게 하는 장점이 있다.

Shutterstock

자료: http://www.seniormaeil.com/news/articleViewAmp.html?idxno=12062

2) 웃음지수 평가

나는 얼마나 잘 웃는지, 나의 웃음은 건강한 것인지에 대해 다음 각의 항목을 체크해 봄으로써 자신의 웃음지수를 확인해 보자.

웃음지수(LQ) 확인 목록

(매우 그렇다: 5점, 그렇다: 4점, 보통: 3점, 그렇지 않다: 2점, 전혀 그렇지 않다: 1점)

1. 나는 나 자신을 좋아한다.
2. 나는 일상의 작은 일에서도 행복을 느낀다.
3. 슬퍼질 때 일부러 더 즐거운 생각을 한다.
4. 내가 실수했을 때 스스로에게 긍정적인 말을 해준다.

웃음지수(LQ) 확인 목록

5. 잔뜩 긴장된 순간 웃음으로 여유를 찾는다.
6. 내겐 힘든 상황에서 웃게 만드는 꿈(비전)이 있다.
7. 하루의 시작을 (또는 출근 시) 웃음으로 한다.
8. 혼자 있을 때도 좋은 생각을 하며 웃음 짓곤 한다.
9. 나의 평소 얼굴 표정은 밝은 편이다.
10. 큰 소리(박장대소)로 웃는 것이 자연스럽다.
11. 나는 자신감이 넘친다.
12. 재미있는 얘기를 할 때 자신 있게 한다.
13. 나는 스트레스를 이겨낸다.
14. 나에 대한 충고나 비판을 겸허한 웃음으로 수용한다.
15. 내 기억 속엔 재밌고 즐거운 추억이 많다.
16. 가족(동료)들과 하루에 5번 이상 웃는다.
17. 가족(동료)의 짜증을 웃음으로 들어 준다.
18. 가족(동료)에게 감사 표현을 자주한다.
19. 나는 비꼬는 유머나 부정적인 유머를 피한다.
20. 지금 3개 정도의 유머를 할 수 있다.
21. 사람들은 즐거운 분위기를 찾기 위해 나를 찾는다.
22. 대화를 할 때 많이 웃는 편이다.
23. 화가 나는 상황에서도 먼저 웃으며 화해를 청한다.
24. 낯선 이에게도 자연스럽게 웃을 수 있다.
25. 타인의 실수를 웃음으로 넘길 수 있다.
26. 웃음을 통해 상대의 기분을 바꾸어 준다.
27. 타인의 칭찬을 자주 하는 편이다.
28. 타인의 즐거움을 위해 우스꽝스럽게 행동할 수 있다.
29. 같은 말도 더 재미있게 말하려고 노력한다.
30. 대부분의 상황에서 긍정적인 면을 본다.

웃음지수 확인 목록 평가

121~150점: 웃음의 VIP, 유쾌한 분위기를 즐길 수 있다
매사에 긍정적인 사고를 지니고 있어 웃는 것이 자연스럽고 생활화되어 있다. 작은 일에서도 행복을 느끼는 당신은 타인을 웃음으로 즐겁게 해주는 천부적인 능력 또한 가지고 있다. 때문에 사람들은 당신을 보기만 해도 즐거워진다고 한다. 당신이 가진 긍정적인 생각과 웃음 바이러스를 더욱 더 퍼트려라.

91~120점: 웃음에 양념을 더해야 한다
환한 얼굴로 사람들을 편안하게 하는 당신, 하지만 자기만의 웃음이 아닌 타인과 공유하는 웃음에 조금 서툴다. 부정적인 상황을 웃음으로 극복하는 데 서툴 수도 있다. 인생의 최고경영자가 되길 원한다면 불행 속에서 웃을 수 있는 용기가 필요하다. 웃음의 영향력은 넓어질수록 좋다. 그것은 당신을 성장시키기는 중요한 열쇠란 걸 기억하자.

61~90점: 생각은 긍정적, 표정은 부정적인 사람이다
기본 마인드나 가치관은 긍정적이지만 자주 웃는 성격은 아니다. 기존에 가지고 있던 웃음에 대한 편견들을 버리고 웃어 보자. 웃음은 안에서 밖으로 또 밖에서 안으로 전염된다. 백문이 불여일견, 웃는 연습을 통해 행복해진다는 것을 직접 체험해 보자.

0~60점: 웃음 치료가 필요한 사람이다
다른 사람은 배꼽을 잡고 웃는 상황에서도 웃음이 나오지 않는 경우가 많다. 웃음이 부족하다는 건 신체적 질병을 앓고 있는 만큼이나 심각하다.

웃음은 인간의 정신적 호흡 중추와도 같다. 삶에서 웃음이 주는 유익을 누리지 못한다면 결코 행복한 인생이 아니다. 억지로라도 우선 연습을 해야 한다. 주위에 웃는 사람과 친해지면 웃음과도 친구가 될 수 있다.

자료: 인천중앙병원 신경정신과.

3. 성공적인 이미지 메이킹 5단계

내가 원하는 이미지를 만들기 위해서는 무엇보다도 자기 긍정과 타인 긍정(I'm OK, You're OK)의 태도를 갖고 자기 이미지를 조절하면서 부지런히 노력하는 태도가 필요하다. 이미지 메이킹을 성공적으로 하려면 다음 5단계를 따르는 것이 도움이 된다.

1) 이미지 메이킹 5단계

(1) 자신을 알라(Know Yourself)

이미지를 메이킹하기 위해서는 무엇보다 자기 자신을 먼저 냉정하게 관찰하고 판단해야 한다. 그래서 자신에게 맞는 이미지를 선택해야 한다.

(2) 자신을 계발하라(Develop Yourself)

나의 이미지와 내가 좋아하는 이미지는 별개이다. 내가 원하는 이미지와 실제 나의 이미지 사이에는 차이가 있다. 이러한 차이를 줄여나가기 위해 자신의 단점은 줄이고 장점을 더욱 개발하는 노력을 해야 한다.

(3) 자신을 포장하고 상품화시켜라(Package Yourself)

제 아무리 좋은 상품도 포장이 형편없으면 평가 절하된다. 같은 물건이라도 그것을 어떻게 포장하느냐에 따라 물건의 가치와 그것을 대하는 우리의 태도가 달라진다는 것을 우리는 익히 알고 있다. 누구나 다이아몬드를 신문지에 싸지는 않는다.

내면의 가치를 살릴 수 있도록 자신의 외면적 이미지도 개발해야 한다.

(4) 자신을 알리고 광고하라(Market Yourself)

자신감을 가지고 자신의 능력을 발휘할 수 있는 기회를 스스로 만드는 것이 필요하다. 현대 사회는 정보화 사회이다. 이러한 사회에서 자신에 대한 정보를 다른 사람들에게 정확하게 제공하는 것은 다른 사람을 배려하는 예절의 또 다른 방법이다.

그러므로 자신의 이미지를 당당하게 긍정적으로 보여주는 태도가 필요하다.

(5) 나다움을 개발하라(Be Yourself)

이미지 메이킹에 있어 진실하지 못한다면 위의 네 가지 사항은 위선일 뿐이다. 나의 이미지에 대해 자신감을 가지고 더 나은 나를 개발하기 위해, 나의 자아실현을 위해 끊임없이 노력해야 한다.

2) 이미지 메이킹의 기본 요소 5가지

좋은 이미지를 창출하기 위해서는 매너의 5가지 기본 요소를 갖추어야 한다.

① 온화한 표정
② 단정한 몸가짐
③ 바르고 절도 있는 자세
④ 공손하게 인사하기
⑤ 부드럽고 상황에 맞는 말씨

매너의 다섯 가지 기본 요소는 한 요소, 한 요소를 잘할수록 이미지가 좋아지는 '덧셈의 원칙'이 적용되는 것이 아니라 네 가지 요소를 잘하더라도 나머지 한 가지가 부족하면 전체적인 이미지가 나빠지는 '곱셈의 원칙'이 적용된다. 즉, 어떤 사람의 표정과 용모, 자세와 인사가 각각 '100점'에 가깝다 해도 그가 사용하는 말씨가 '0'점이라면 그의 이미지는 '400점'이 아니라 '0'점이 되는 것이다. 그러므로 좋은 이미지를 갖기 위해서는 모든 요소를 고루 갖추어야 한다.

호감 가는 이미지 만들기

참고문헌

강영순, 경영자의 뉴 리더십 연구, 무역경영사, 2002.

강 훈 외, 창의와 소통의 리더십, 교육과학사, 2021.

구자억 외, 5차 산업혁명시대 리더가 되라!, 동문사, 2021.

김미경, 김미경의 아트스피치, 21세기북스, 2010.

김선진, 셀프리더십이 조직시민행동에 미치는 영향 연구, 조선대학교 석사학위논문, 2003.

김성수, 21세기 글로벌리더십 개발, 탑북스, 2010.

김수동, 배려관점에서 본 리더의 교육적 개념, 숙명여자대학교 숙명리더십개발원, 2002.

김순향, 선비정신에 나타난 리더십 연구, 성균관대학교 석사학위논문, 2008.

김순향, 글로벌 리더를 위한 명품리더십, 21세기사, 2013.

김은주, 이미지마케팅으로 성공을 부른다, 한비미디어, 2002.

김진경 외, 인공지능시대의 인재혁명, 교육과학사, 2021.

김정호, 스트레스의 이해와 관리, 시그마프레스, 2007.

김종재, 인간관계론—이론과 응용, 박영사, 2006.

김원배, 기업근로자의 셀프리더십과 직무만족에 관한 연구, 연세대학교 석사학위논문, 2004.

김호연, 한국적 리더십모형에 관한 탐색적 연구, 서강대학교 박사학위논문, 2005.

김호정, 리더십과 전통적 리더십과의 관계 및 바람직한 리더십 모형, 한국정책화보, 제10권, 제3호, 2001.

남재혁, 감성지능과 리더십 스타일의 관계에 관한 연구, 2003.

노언필, 리더와 리더십 트렌드, 도서출판 청람, 2008.

로버트 그린리프, 서번트 리더십원전, 참솔, 2006.

류성렬, 21세기 지도자로서의 자질과 가치관에 관한 연구, 한국윤리학회 윤리연구 45권 0호, 2000.

모리야유지, 상대방을 내 편으로 만드는 파워리더십, 새로운 제안, 2004.

민영욱, 성공하려면 유머와 위트로 무장하라, 가림출판사, 2002.

박경종 외, 4차산업 시대 핵심역량, 동문사, 2021.

박광옥, 매너 있는 교양인을 위한 예절과 문화, 2010.

박연호, 현대인간관계론—새 시대의 인간관계, 박영사, 2001.

박종진 외, 49가지 품성에 기초한 성품리더십 계발, 동문사, 2021.

박찬욱 외, 미래 한국의 정치적 리더십, 미래인력연구센터, 1997.

변상우, 글로벌 리더를 위한 리더십 개발과 훈련, 청람, 2012.

백기복, 리더십 리뷰, 창민사, 2008.

백기복, 조직행동연구-조직과 인간의 새로운 만남, 법문사, 2000.

신구범, 리더십의 이론과 실제, 형성출판사, 2008.

신인철, 팔로워십, 리더를 만드는 힘, 한스 미디어, 2007.

신응섭 외, 리더십의 이론과 실제, 학지사, 2003.

신재흡, 21세기 다양한 교육 리더십, 동문사, 2015.

여연길, 리더십 유형이 조직성과에 미치는 영향, 경희대학교 석사학위논문, 2003.

유영대, 성공과 행복을 위한 善순환 리더십, 전영사, 2004.
이강옥, 대학리더십, 도서출판 청람, 2010.
이경숙, 강형철, 조병남, 세상을 바꾸는 부드러운 힘, 숙명여자대학교 출판국, 2004.
이덕로, 리더십의 이해, 문영사, 2011.
이명근, 인성중심의 리더십 프로그램의 효과성에 관한연구, 연세대학교 석사학위논문, 2000.
이서행, 한국, 한국인, 한국정신, 대광서림, 1984.
이성호, 패턴스피치, 수스피치 리더십센터, 2011.
이학종. 박헌준, 조직행동론, 박영사, 2004.
이학종, 조직행동론—이론과 사례연구, 세경사, 1997.
이한분 파워스피치 성공전략 3단계, 에덴아트컴, 2006.
전도근 외, 성공하는 나를 디자인하는 이미지 바이블, 해피북스, 2006.
정영숙, 성공과 행복을 가져다주는 공감 커뮤니케이션, 높은 오름, 2006.
조동성, 21세기를 위한 경영학원론, 서울경제경영, 2000.
조의제, 셀프리더십과 커뮤니케이션이 직무만족에 미치는 영향, 경남대학교 석사학위논문, 2002.
제임스 C. 헌터, 서번트 리더십, 시대의 창, 2002.
존 맥스웰, 360° 리더, 넥서스 BIZ, 2012.
최애경, 성공적인 커리어를 위한 인간관계의 이해와 실천, 청람, 2006.
허미희, 修己治人 哲學이 리더십에 미치는 영향, 성균관대학교 석사학위 논문, 2008.

B. M. Bass, D, A, Waldman & F. J. Yammarino, "Adding to contingent Reward Behavior: The Augmenting Effect of Chrismatic Leadership" Group and Organization Stuties, 15, 4, 1990.
B. M. Bass, "From Transactional to Transformational Leadership: Learning to Share the Vision", Organizational Dynamics, Winter, 1990.
G. Capowski, Management Review, March 1994.
Ivancevich, Lorenzi, Skimmer, Crosby, 1994.
J. C Hunter, The Servant Leadership (김광수 옮김: 서번트 리더십), 시대의 창, 2000.
T. H. Homes and R. H. Rahe. "The Social Readjustment Rating Scale" 1967.

찾아보기

[국문]

- ㄱ -

갈등(Conflict) 103
감성 리더십(Emotional Leadership) 50
감성 리더십 사례(하워드 슐츠) 55
감성지수(Emotional intelligence Quotient, EQ) 50
감성지수 테스트 54
개인적 권력의 이용(Use of Personal Power) 22
개념적 기술(Conceptual Skill) 101
경청(Listening) 37
공감(Empathy) 37
공동체의식 형성(Building community) 38
고든 올포트(Gordon Willard Allport) 157
곽윤기 90, 91
관습에 얽매이지 않는 행동(Unconventional Behavior) 22
그린리프(Greenleaf) 35
기러기의 세 가지 덕목 59
기러기 이야기(Tom worsham의) 60
김수환(스테파노) 추기경 39

- ㄴ -

노블레스 오블리주(Noblesse Oblige) 42, 44
내적 이미지 확인 목록 154

- ㄷ -

다니엘 골먼(Daniel Goleman) 51, 53
디스트레스(Distress) 118

- ㄹ -

로고스(Logos) 77
로널드 레이건(Ronald Wilson Reagan) 90
리더십의(연구자별) 정의 4
리더십 이론의 변화 6

- ㅁ -

매슬로(Maslow)의 욕구 5단계 36
미래의 비전(Future Vision) 22

- ㅂ -

변혁적 리더십(Transformational Leadership) 16
변혁적 리더십 사례(스티븐 스필버그) 20
변혁적 리더십의 구성 요소 17
부정성 효과 158
분명한 표현(Articulation) 22
복식호흡 140
비전(Vision) 38, 74
비전 명언 사례 75

- ㅅ -

4차 산업시대의 리더십 특성 11, 12
생애 중대 사건 122
서번트 리더십(Servant Leadership) 35
설득(Persuasion) 38, 77
성장 지원(Commitment to the growth of people) 38
셀리에(Selye) 117
셀프 리더십(Self Leadership) 31
수퍼 리더십(Super Leadership) 27
수퍼 리더십 사례(최형섭) 28
수퍼 리더십의 실행 7단계 28
수평 리더십 사례(박웅현) 65
수평 리더십의 원칙 63
스튜어드십(Stewardship) 38
스트레스(Stress) 117
스트레스지수 확인 목록 129
스티브 잡스(Steven Paul Jobs) 13, 23, 75
스티븐 스필버그(Steven Allan Spielberg) 20
시대별 리더십의 변화 9
시스템 리더십(System Leadership) 24

- ㅇ -

아리스토텔레스(Aristoteles)의 수사학 77
아이 메시지(I-message) 커뮤니케이션 115
에릭 번(Eric Berne) 96
에이브러햄 링컨(Abraham Lincoln) 88, 149, 150
에토스(Ethos) 77
5단계의 계층 구조 5
오프라 윈프리(Oprah Gail Winfrey)의 리더십 18
오프라화(Oprahzation) 18
외적 이미지 확인 목록 155
우울증 체크리스트(Zung's Self-Rating Depression Scale) 128
웃음지수 확인 목록 166, 167
유당불내증(Lactose intolerance) 48
유스트레스(Eustress) 118
윤리적 리더십(Ethical Leadership) 42
윤리적 리더십 사례(영국 이튼 칼리지) 44
윤리적 리더십 사례(정식품 정재원) 48
의사결정 기술(Decision-Making Skill) 102
의사소통 기술(Communication Skill) 101
응집성(Cohesiveness) 124
이미지(Image) 152
이미지 메이킹(Image making) 161, 169, 170
이튼 칼리지(Eton college) 44
인간관계 기술(Human Relations Skill) 95
인지적 구두쇠(Cognitive miser) 159

- ㅈ -

자기경영 지수 100
잡보장경(雜寶藏經) 165
전문적 기술(Technical Skill) 95
전안례(奠雁禮) 59
정주영 81-85
정확한 상황 판단(Accurate Assessment of the Situation) 22
제스처(Gesture) 146
직무 스트레스 분석 모델 121

- ㅊ -

창의 융합형 리더 사례(스티브 잡스) 13
초두 효과 158
치유(Healing) 38

- ㅌ -

테레사(Teresa) 수녀 35
통찰력(Insight) 38

- ㅋ -

카리스마 리더십(Charismatic Leadership) 21
카리스마 리더십 사례(스티브 잡스) 23
카리스마 출현의 상황(The Context for Emergence of Charisma) 22
칸트(Immanuel Kant) 46
클라우스 슈바프(Klaus Schwab) 9
키스트(KIST) 28

- ㅍ -

파토스(Pathos) 77
팔로워십(Followership) 66
팔로워의 네 가지 유형 68

- ㅎ -

하워드 슐츠(Howard Schultz) 55-58
후광 효과 159

[영문]

- A -

Abraham Lincoln(에이브러햄 링컨) 88, 149, 150
Accurate Assessment of the Situation(정확한 상황 판단) 22
Aristoteles(아리스토텔레스의 수사학) 77
Articulation(분명한 표현) 22

- B -

Building community(공동체의식 형성) 38

- C -

Charismatic Leadership(카리스마 리더십) 21
Cohesiveness(응집성) 124
Commitment to the growth of people(성장 지원) 38
Communication Skill(의사소통 기술) 101
Conceptual Skill(개념적 기술) 101
Cognitive miser(인지적 구두쇠) 159
Conflict(갈등) 103

- D -

Daniel Goleman(다니엘 골먼) 50, 53
Decision-Making Skill(의사결정 기술) 102
Distress(디스트레스) 118

- E -

Emotional intelligence Quotient(EQ, 감성지수) 50
Emotional Leadership(감성 리더십) 50
Empathy(공감) 37
Eric Berne(에릭 번) 96
Ethical Leadership(윤리적 리더십) 42
Ethos(에토스) 77
Eton college(이튼 칼리지) 44
Eustress(유스트레스) 118

- F -

Followership(팔로워십) 66
Future Vision(미래의 비전) 22

- G -

Gesture(제스처) 146
Gordon Willard Allport(고든 올포트) 157
Greenleaf(그린리프) 35

- H -

Healing(치유) 38
Howard Schultz(하워드 슐츠) 55
Human Relations Skill(인간관계 기술) 95

- I -

Image(이미지) 152
Image making(이미지 메이킹) 161, 169, 170
I-message(아이 메시지) 커뮤니케이션 115
Immanuel Kant(칸트) 46
Insight(통찰력) 38

- K -

KIST(키스트) 28
Klaus Schwab(클라우스 슈바프) 9

- L -

Lactose intolerance(유당불내증) 48
Listening(경청) 37
Logos(로고스) 77

- M -

Maslow(매슬로)의 욕구 5단계 36

- N -

Noblesse Oblige(노블레스 오블리주) 42, 44

- O -

Oprah Gail Winfrey(오프라 윈프리)의 리더십 18
Oprahzation(오프라화) 18

- P -

Pathos(파토스) 77
Persuasion(설득) 38

- R -

Ronald Wilson Reagan(로널드 레이건) 90

- S -

Self Leadership(셀프 리더십) 31
Selye(셀리에) 117
Servant Leadership(서번트 리더십) 35
Steven Allan Spielberg(스티븐 스필버그) 20
Steven Paul Jobs(스티브 잡스) 13, 23, 75
Stewardship(스튜어드십) 38
Stress(스트레스) 117
Super Leadership(수퍼 리더십) 27
System Leadership(시스템 리더십) 24

- T -

Technical Skill(전문적 기술) 95
Teresa(테레사) 수녀 35
The Context for Emergence of Charisma (카리스마 출현의 상황) 22
Tom worsham(기러기 이야기) 60
Transformational Leadership(변혁적 리더십) 16

- U -

Unconventional Behavior(관습에 얽매이지 않는 행동) 22
Use of Personal Power(개인적 권력의 이용) 22

- V -

Vision(비전) 38

- Z -

Zung's Self-Rating Depression Scale(우울증 체크리스트) 128